W0408567

LA NUIT DE BOMBAY

Éditorialiste et grand reporter pendant de nombreuses années à *Elle*, Michèle Fitoussi est l'auteur de plusieurs romans et documents, dont *La Prisonnière* (Grasset, 1999) avec Malika Oufkir, traduit dans le monde entier, et *Helena Rubinstein. La femme qui inventa la beauté* (Grasset, 2010). Son roman *Victor* (Grasset, 2007) a été adapté à l'écran par Thomas Gilou avec Pierre Richard dans le rôle-titre.

Paru dans Le Livre de Poche :

HELENA RUBINSTEIN

En collaboration avec Malika Oufkir :

LA PRISONNIÈRE

MICHÈLE FITOUSSI

La Nuit de Bombay

RÉCIT

FAYARD-VERSILIO

Photographies : Getty Images
© John Miller/Getty Images © riteshsaini/iStock © ooyoo.
Carte page 9 : Philippe Paraire.
© Librairie Arthème Fayard, 2014/Versilio, 2014.
ISBN : 978-2-253-06804-4 – 1re publication LGF

« À l'ère de la propagande, de la bêtise politique et de la violence, raconter des histoires me semble crucial. »

Hanif KUREISHI, *Le mot et la bombe*.

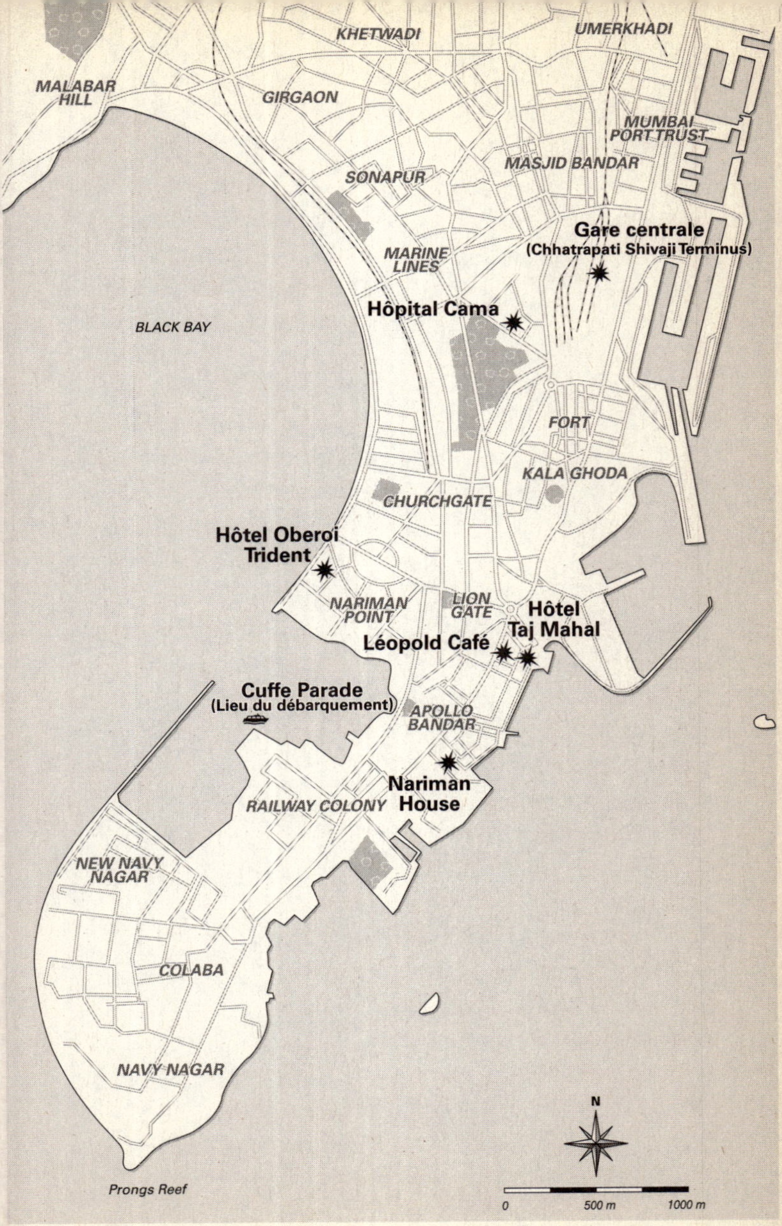

Bombay : les attentats de novembre 2008.

PONDICHÉRY

1

Loumia

Si la vie avait été moins injuste ou en tout cas mieux inspirée, j'aurais peut-être raconté son histoire comme dans les pages d'un magazine. Une success story aux accents exotiques. Loumia Hiridjee, créatrice, avec sa sœur Shama, de la marque de lingerie Princesse tam. tam, au milieu des années quatre-vingt.

Il n'y aurait pas eu de point final.

Pour tous ceux qui connaissaient Loumia, son souvenir demeure intact. Des cheveux bruns, coiffés à la va-vite, des yeux moqueurs derrière le rectangle des lunettes. Et puis ce sourire généreux, ce rire aux accents rauques comme sa voix, cette démarche un peu gauche, comme si l'équilibre lui manquait parfois.

Et pourtant non. Campée dans ses Converse, elle parcourait l'existence à grands pas, curieuse de tout voir, de tout connaître, de tout essayer. Peut-être pressentait-elle que son parcours sans faute finirait beaucoup trop tôt.

Mille idées à la seconde. C'est le premier détail qui vient à l'esprit de sa famille, de ses amis, de ses collaborateurs, quand ils la décrivent. Avant d'ajouter que Mourad, son mari, le père de leurs trois enfants, son complice et associé au sein de Princesse tam.tam, plus calme, plus terre à terre, se chargeait de les trier puis d'en matérialiser certaines.

Pour parler d'eux, j'emploie le passé. C'est à la fois insupportable et étrange, ils étaient tellement présents.

Leurs vies se sont arrêtées le soir du mercredi 26 novembre 2008, à l'hôtel Trident Oberoi de Bombay[1], dans les attentats terroristes commandés par le groupe islamiste Lashkar-e-Taiba[2]. Pendant plus de soixante heures, dix hommes, manipulés depuis Karachi par leurs chefs pakistanais, ont semé la terreur dans le sud de la ville, tué cent soixante-cinq personnes et fait plus de trois cents blessés.

De Colaba au quartier du Fort, le commando a assailli, à la bombe, à la grenade et à la mitraillette, le café Léopold, les hôtels Taj Mahal et Trident Oberoi, la gare centrale de Chhatrapati Shivaji, l'hôpital Cama and Albless et Nariman House, le centre communautaire juif où ils ont torturé, avant de les exécuter, un jeune rabbin et sa femme, enceinte de cinq mois.

---

1. Depuis 1996, Bombay est devenue Mumbai pour les Indiens. J'emploie cependant partout le terme français.

2. Ou « Armée des Purs » en ourdu, mouvement pakistanais islamiste placé sur la liste des organisations terroristes.

À l'Oberoi, on a dénombré vingt-quatre blessés et trente-quatre morts, dont treize au restaurant Tiffin où Loumia et Mourad venaient de s'installer pour dîner.

2

Le Fumoir

Le mercredi 26 novembre 2008, je me trouvais à Pondichéry, au début d'un voyage en Inde qui devait me conduire à Bombay. Loumia m'avait invitée à séjourner chez elle, à Bandra, au nord de la ville. Elle y résidait depuis un peu plus d'un an.

Pour me faire plaisir, elle avait préparé un programme au cordeau. Avec Hélène, une amie de la communauté française, elle en peaufinait chaque détail comme un chef d'état-major ajustant ses plans de bataille. Un mariage traditionnel pour lequel elle me faisait confectionner un sari, un dîner en mon honneur au consulat de France, une virée à Calcutta, dans le milieu du cinéma. Un emploi du temps de ministre contre lequel j'avais protesté, pour la forme.

« Sens-toi "free", m'avait-elle écrit sur Facebook où nous avions entamé une correspondance. En Inde, il faut ressentir et respirer. »

Elle continuait cependant d'accumuler sorties et visites. Elle tenait à ce que ce voyage soit inoubliable.

Je connaissais à peine Loumia. J'ai appris par la suite qu'elle était coutumière d'amitiés fulgurantes, qu'elle comptait dans son carnet d'adresses bon nombre de « meilleures amies ». Je n'y figurais pas, du moins pas encore. Elle collectionnait les gens au gré de ses rencontres. Sans doute ses emballements étaient-ils sincères.

Elle pouvait s'enticher en quelques secondes, et pour toujours ou pour six mois, d'un professeur de yoga, d'une femme politique, d'une comédienne, d'une journaliste, d'une voisine, d'une mère d'élève, de la directrice de l'école de ses enfants, avec le même appétit, la même chaleur, le même enthousiasme.

« Avec elle, on se sentait spéciale et importante », me dirait plus tard Hélène. C'est un don.

Loumia offrait le meilleur, toujours disponible pour passer une heure au téléphone, faire du sport, échafauder des projets de boulot, de vacances. Chaque fois, elle donnait à son interlocuteur l'impression qu'il était unique.

Moi aussi, j'ai dû penser que je l'étais.

Nous nous sommes parlé pour la première fois en avril 2008. Je préparais pour *Elle* un portrait de Rachida Dati, alors garde des Sceaux. Quelqu'un m'avait glissé que les deux femmes étaient proches. Je l'avais appelée à Bombay. Nous avions discuté de l'objet de mon enquête sur laquelle Loumia se montra discrète. La conversation avait ensuite dévié sur ses projets. À Paris, elle avait pris des parts dans

Terrafemina[1] et voulait créer le même site en Inde. Elle m'avait rappelée à plusieurs reprises pour vérifier ce que je citais de ses propos. J'en avais extrait une ou deux phrases bien anodines, mais qui l'inquiétaient au point que cela avait fini par m'agacer.

Nous avions sympathisé, avec elle c'était facile. Nous avons décidé de nous rencontrer le 16 juillet 2008 pour un déjeuner comme il y en a tant à Paris. On partage une salade, on raconte sa vie, par bribes, on se dit au revoir et souvent on ne se revoit plus, ou alors de loin en loin, pour se dire qu'il faudrait qu'on déjeune.

Rien de tout cela ne s'est produit ou du moins pas comme je l'avais prévu. Loumia attirait spontanément les confidences et elle aimait bien en livrer. Après le café, nous nous sommes attardées, le temps s'écoulait et nous n'étions plus pressées. Nous avons parlé, parlé, cependant que je la regardais, fascinée, croquer à intervalles réguliers ces grosses pastilles blanches qui devaient, me dit-elle, l'empêcher de se remettre à fumer.

Elle portait un tee-shirt blanc à manches longues, un jean, des Converse basses. Une tenue, à quelques détails près, semblable à la mienne. « Vous n'êtes pas le contraire l'une de l'autre », m'avait dit un ami commun. C'était exact, du moins pour l'allure. Nous nous en étions tout de suite amusées. Deux petites brunes énergiques, peau mate, lunettes sombres, prodigues

1. Site Internet féminin interactif.

en sourires et en gestes. La comparaison s'arrêtait là, mais cette fausse ressemblance ajoutait à ce sentiment de proximité qui, d'emblée, m'avait étonnée.

Nos propos glissaient sans retenue de l'anodin au sérieux, comme si nous nous connaissions depuis longtemps. Loumia passait d'un registre à un autre, sans effort apparent, en ponctuant ses phrases de son rire si contagieux. Cinq ans plus tard, j'entends encore ce rire et cette voix, et si je me souviens de son flux de paroles, je n'ai presque rien gardé de leur contenu. Sur le moment, je n'avais rien noté.

Je sais qu'elle m'avait parlé du Gujarat, où étaient nés ses ancêtres, de Bombay où elle se sentait bien, de Madagascar, son île natale, de la difficulté de trouver la paix dans une famille aussi nombreuse que la sienne. « Nous sommes plus de trois cents. »

J'ai croisé ces trois cents-là, ou sans doute la plupart, au milieu d'une foule silencieuse, le jour de l'enterrement à la mosquée de Bagneux. Famille, amis proches ou simples relations, employés de l'entreprise, anonymes ou célébrités, tous semblaient assommés. La brutalité de l'événement nous dépassait.

Une image se détache encore des visages chavirés. Naeem, le fils aîné de Loumia, âgé de douze ans, entraîné par ses oncles et ses cousins dans le fourgon mortuaire. Avant de monter, il a tourné la tête vers nous comme s'il attendait que quelqu'un s'avance et lui assure qu'il s'agissait d'un mauvais rêve. J'ai souvent pensé à son regard ce jour-là, à ses beaux yeux clairs noyés dans un chagrin indescriptible.

Pendant le prêche, les imams s'étaient succédé dans la salle attribuée aux hommes tandis que, dans une salle voisine, les femmes devaient se contenter d'un écran de télévision. C'était une marée de silhouettes assises, déchaussées, regroupées par affinités. Plus tard, les hommes se sont retrouvés entre eux, au cimetière. Là encore, les femmes n'étaient pas conviées. Je suis repartie avant le repas organisé, qui fut, à ce qu'on m'en dit plus tard, bien plus chaleureux que la célébration religieuse. J'aurais aimé y assister, pour ne pas rester sur l'impression étrange de cette salle commune. La cérémonie ne ressemblait guère à Loumia, du moins pas à la Loumia que j'avais rencontrée.

Plus d'un en fut d'ailleurs surpris, ceux qui ne faisaient pas partie des proches. Je savais qu'elle était musulmane, j'ignorais qu'elle était khoja ithna ashery, une petite communauté chiite qui compte, en France, mille cinq cents fidèles à peine. La religion était son jardin secret. Et Mourad, son mari, croyant mais sans pratique stricte, n'était pas homme à s'épancher sur sa foi. Cette réserve ressort du portrait que l'on m'a tracé de lui, celui d'un homme chaleureux, amical, délicat et tendre, présent pour ceux qui le sollicitaient, mais discret, face à une Loumia qui aimait capter la lumière, quitte parfois à s'y brûler les ailes, comme un papillon frémissant.

Je devais le rencontrer à Bombay. À l'époque, je ne connaissais de Mourad que ce que Loumia m'en avait dit : « J'ai beaucoup de chance d'être avec lui. »

J'ai revu une partie du clan un an plus tard, lorsque Shama, la sœur aînée de Loumia, brune comme elle, même regard, même voix rauque, même rire spontané, en plus mesuré, m'a conviée à un rassemblement pour le premier anniversaire de leur disparition. Cela se passait chez eux, avenue de La Motte-Picquet, où Shama s'était installée pour prendre soin de ses deux neveux et de sa nièce. Les deux plus petits avaient cinq ans et neuf ans à la mort de leurs parents.

Là encore, je n'ai pas bien compris qui était qui. Trop de monde, trop de bruit, trop de chagrin malgré les visages souriants. Je me souviens surtout des femmes, des tantes, cousines, belles-sœurs, de leurs peaux mates et de leurs regards denses, des bijoux, des châles, des saris et des soieries. Ou peut-être est-ce un enjolivement de la mémoire, comme si l'Inde de Loumia passait par ce chatoiement féminin.

Au Fumoir, nous avions évoqué nos enfances et nos enfants, nos mères, nos sœurs, nos psychanalyses, nos vies professionnelles. La sienne avait pris, en 2005, un tournant imprévu avec la vente de Princesse tam.tam au groupe japonais Fast Retailing, ce qui avait rapporté beaucoup d'argent. Assez, pour que Mourad et elle, qui jusque-là avaient travaillé dur, puissent s'octroyer une ou deux années sabbatiques. Ils avaient conservé cinq pour cent du capital, Mourad conseillait la nouvelle direction, Loumia gardait la main sur le style et les campagnes publicitaires.

En 2007, ils étaient partis à Bombay presque sur un coup de tête, attirés par cet eldorado asiatique alors très à la mode. Le « *Shining Bombay* » était le New York des années quatre-vingt, riche en promesses économiques comme Shanghai, Hong Kong, ou Singapour. Tous les jours, des entrepreneurs et des financiers de la diaspora indienne retournaient travailler à Delhi, Bangalore, Bombay, Jaipur. Alors pourquoi pas eux ?

Dans la balance, ils avaient mis aussi l'envie de renouer, avec l'Inde, un lien défait par un siècle d'exil. Puis il y avait les enfants, pour eux le plus important. Ils voulaient leur transmettre leurs racines, les faire grandir en citoyens du monde, les sortir de leur cocon de gosses de riches. Bombay, même dans l'univers douillet des expats, est bien loin du VIIe arrondissement de Paris.

Loumia ne savait pas encore s'ils allaient poursuivre l'expérience. Elle était mitigée. Elle aimait Bombay où elle retrouvait des sensations d'enfance, des saveurs, des odeurs, une gestuelle. Elle s'était accoutumée à une certaine forme d'indolence mais elle craignait de régresser à force de ne pas assez travailler. Le malaise de sa fille la préoccupait. Très sensible, trop peut-être, Ilana ne supportait pas la misère, qu'elle ressentait partout où elle allait.

Enfin, le pays n'était pas conforme à leurs rêves. L'Inde nouvelle, celle des technologies, de la modernité et des affaires, s'effaçait sans cesse derrière l'Inde de la bureaucratie, de la lenteur, de la procrastination, de la corruption, du fatalisme, du mensonge. Les codes du pays leur étaient étrangers, les déconvenues s'étaient multipliées. Et le malentendu s'était creusé. En France, ils étaient des Indiens. En Inde, ils restaient des Français.

Mourad hésitait, lui aussi. Il voulait racheter une entreprise de maroquinerie française, mais, fin juillet, la négociation avait échoué. Et puis Loumia avait tranché. Toujours dans l'action, elle pouvait donner son avis avec force et affirmer, plus tard, le contraire. Ils devaient repartir, avait-elle plaidé, ils n'en avaient pas terminé avec l'Inde, leurs projets là-bas n'étaient pas aboutis. Pour ne pas se sentir frustrés, il leur fallait passer une autre année avant de revenir à Paris. Peut-être avait-elle envie de goûter encore un peu aux délices de cet espace intime, juste eux cinq, une vraie famille, sans tout ce monde autour d'eux.

Fin août, ils étaient revenus à Bombay, à temps pour la rentrée des classes à l'école américaine. Leur retour inattendu avait surpris tout le monde.

3

Le cyclone

Le lundi 24 novembre 2008, jour de mon anniversaire, je me suis envolée pour Madras. J'avais pris la décision de partir presque à l'instant où Loumia m'avait invitée. Dans ses mails, elle insistait pour que je m'installe chez elle et j'avais accepté sans me poser de questions, sans réfléchir à la gêne que j'aurais pu occasionner, ni à celle que je ressentirais, moi qui aime par-dessus tout mon intimité. Je lui faisais confiance.

Une amie d'enfance, chef de cabine principale à Air France, m'avait proposé à peu près au même moment de l'accompagner à Madras, dont la ligne venait d'ouvrir. Je pouvais profiter d'un tarif imbattable. J'ai combiné les deux voyages, projeté de visiter Pondichéry avec elle pendant ses quatre jours d'escale, puis tandis qu'elle rentrerait à Paris, je rejoindrais Loumia à Bombay.

À mesure que l'avion prenait de l'altitude dans un ciel dépourvu de nuages, une douce euphorie m'a gagnée. J'ai pensé que la vie était belle.

À Pondichéry, nous avions réservé des chambres à la Villa Ophélia, une maison d'hôtes charmante dont les initiés se repassent l'adresse. C'est une vaste demeure coloniale, avec un mobilier anglo-indien, des portraits d'ancêtres aux murs, des lampes tamisées qui rendent l'atmosphère douillette et surannée.

Un cyclone s'annonçait. En arrivant, j'ai traversé en courant le jardin tropical de l'hôtel balayé par des pluies torrentielles. Un peu plus tard, je suis sortie pour dîner dans un restaurant situé de l'autre côté de la rue. À certains endroits, l'eau sale qui charriait des branches et des cailloux montait jusqu'au milieu des cuisses.

Un mois auparavant, j'avais revu Loumia à la terrasse de l'Esplanade, son quartier général à Paris, là où elle donnait ses rendez-vous. C'était notre dernière rencontre. Je me souviens de sa silhouette frêle, enveloppée d'un manteau à carreaux, attablée dehors malgré le froid. Elle m'avait accompagnée jusqu'à la station de taxis et avait attendu une voiture avec moi.

Je me promenais dans le quartier français de Pondichéry lorsqu'un toit de branchages s'est écrasé au sol, quelques secondes à peine après mon passage. J'ai pris des photos. À Paris, ces images me prouveraient que ce voyage calamiteux avait bien existé, ce ciel presque noir, ces arbres jonchant le sol, ces torrents d'eau boueuse. J'ai gardé un article trouvé dans le *Hindu Times* : « Heavy rain lashes Pondicherry », illustré par un rickshaw jaune et noir transformé en bateau à roues. En le relisant, il me semble qu'un siècle me sépare de ces journées.

Le mercredi 26, vers dix-neuf heures, j'ai appelé Loumia. Son rire couvrait le vacarme du vent. Ce rire. Le rire de Loumia. Cette façon irrésistible de partir brusquement dans les graves et de nous entraîner à rire avec elle. Rire de tout. Rire de ce cyclone, des arbres fracassés, de ma façon exagérée d'en parler, rire de mes anecdotes, le rickshaw zigzaguant entre les flaques, les rues désertées, la plage balayée par l'ouragan. Rire encore et toujours.

« Tu devrais tenir un blog, il t'arrive beaucoup d'aventures bizarres. »

Elle avait déjà planifié mon arrivée. Son chauffeur viendrait me chercher à l'aéroport, elle espérait qu'il ne serait pas en retard. À Bombay, disait-elle, il faut partir longtemps à l'avance pour arriver à l'heure. En l'écoutant parler, si enthousiaste, si gaie, si vivante, je m'étais dit que j'avais hâte de passer ces prochains jours avec elle.

La suite était peut-être écrite comme les Indiens aiment à le croire.

Ce réveil en sursaut, dans la nuit du 26 au 27 novembre dans ma chambre de la Villa Ophélia à cause du vent qui redoublait de fureur.

Ces dizaines de textos qui s'affichaient sur mon mobile français et qui me firent penser d'abord que quelque chose de grave venait d'arriver à Paris. Mais non, c'était à Bombay. Ma famille, mes amis, que l'inquiétude avait rendus amnésiques, me demandaient tous dans quelle partie de l'Inde je me trouvais. Il y avait même un sms de mon fils en lettres majuscules. « Rentre immédiatement à la maison. »

J'ai longtemps coursé mes deux enfants, dans leurs voyages autour de la planète, juste pour vérifier qu'ils allaient bien. Et voilà qu'à son tour mon fils s'inquiétait pour moi. Je l'ai rassuré en adoptant, pour lui répondre, le ton désinvolte avec lequel il m'écrit d'habitude.

J'ai tout de suite réussi à joindre Guy, mon compagnon. Il m'apprit que Bombay était le théâtre d'attentats épouvantables. La terre entière les suivait en direct. La terre entière, sauf moi, privée de télévision et d'Internet à cause d'une panne électrique. Il me conseillait, comme mon fils, de revenir à Paris dès le lendemain.

Je suis retournée me coucher en pensant qu'il était encore tôt pour appeler Loumia. Ces attentats me paraissaient abstraits, lointains. Sans images, je ne me rendais compte de rien. J'avais froid, sommeil, le vent soufflait trop fort. En me rendormant, j'ai pensé que, pour une fois, Guy exagérait le danger.

4

Le chaos

À Pondichéry, au petit matin, le ciel avait pris une couleur de plomb. Derrière les vitres, où la pluie frappait avec une rage sourde, les palmiers tordaient leurs franges échevelées. Le courant n'était toujours pas rétabli.

J'ai voulu prendre des nouvelles de Loumia, lui poser les questions qui me préoccupaient. La situation était-elle si critique à Bombay ? Devais-je poursuivre mon voyage ou regagner Paris ? Je ne parvenais pas à me décider.

J'ai essayé en vain de la joindre. J'appelais toutes les demi-heures. Mes deux téléphones, l'indien et le français, sonnaient dans le vide. J'ai mis son silence sur le compte du chaos qui devait régner à Bombay, je me disais que les lignes étaient saturées. Je n'ai pas pensé, pas voulu penser, à une autre explication.

Sans électricité, la Villa Ophélia devenait trop inconfortable. Nous nous sommes réfugiées dans un hôtel voisin pour attendre le taxi qui nous ramènerait à Madras. J'ai parcouru distraitement les journaux sur Internet, presque sans les lire. D'habitude, je suis scotchée à l'actualité, mais là, rien ne semblait me concerner.

Je suis rentrée à Madras le 27 novembre, en fin d'après-midi. Il avait fallu attendre que les routes soient praticables. Bombay était toujours en état de siège, Loumia toujours injoignable. Et moi, toujours anesthésiée. À peine installée dans la chambre d'hôtel, j'ai ouvert mon ordinateur. Hélène, l'amie de Loumia à Bombay, m'avait envoyé un bref message sur Facebook. « Loumia et Mourad sont dans l'Oberoi depuis hier soir, aux mains des terroristes. Ils s'y étaient rendus pour dîner. Je vous tiens au courant des nouvelles que j'aurai. Il faut penser très fort à eux. »

Elle avait doublé ce post d'un mail, où elle ajoutait : « La situation est confuse, mais des rumeurs les rattachent à un groupe actuellement en circulation dans l'hôtel, et donc sains et saufs, mais nous n'avons aucune confirmation. » Les informations étaient contradictoires. Il était dix-neuf heures et tout le monde les croyait encore vivants, sans doute barricadés dans une chambre avec l'équipage d'Air France, c'est du moins ce que les médias supposaient. Hélène se raccrochait à ces nouvelles. Nous nous sommes parlé brièvement au téléphone puis nous avons continué par mail.

Elle me donnait le peu de détails qu'elle réussissait à glaner : « Ils relâchent régulièrement des otages, mais il y en aurait plus de deux cents. Le consulat n'est en revanche pas optimiste sur un dénouement rapide, les terroristes et l'armée combattent pied à pied. » Puis : « Ce sont des rumeurs mais deux sources différentes les donnent sains et saufs à vingt heures trente, mais toujours à l'Oberoi. Il faut attendre. »

Vissée à mon écran, je guettais les informations d'Hélène. Assise sur son lit, mon amie hôtesse de l'air regardait la télévision. Les yeux écarquillés, elle absorbait ce qui se passait au même moment à Bombay, le toit de l'hôtel Taj Mahal en flammes, les brigades d'élite en embuscade autour de Nariman House, les images du carnage à la gare, au Léopold Café, les lieux où les bombes avaient sauté, les policiers tués, les commentaires surexcités des journalistes et des politiciens qui se succédaient à l'antenne.

Je l'entendais zapper d'une chaîne à l'autre dans l'espoir d'en apprendre un peu plus sur l'Oberoi. Et puis elle a brusquement éteint.

« Pas la peine que tu voies ça. »

Elle n'avait pas besoin de s'inquiéter. Pas plus que je ne posais de questions trop précises à Hélène, je n'avais pas envie de regarder. Tout cela se déroulait sans moi. J'acquiesçai comme une somnambule quand elle me suggéra gentiment mais fermement de reprendre avec elle l'avion de Paris. Il décollait dans la nuit.

Hélène m'avait écrit que les enfants étaient seuls à la maison avec leur grand-mère. Dans le meilleur des cas, la situation ne se débloquerait que le lendemain matin. « Par mesure de sécurité, les hôtels refusent les touristes », ajouta-t-elle, avec tact, pour me signifier que ma place n'était pas à Bombay quand Loumia et Mourad rentreraient.

Après huit heures de vol sous somnifères, je me suis retrouvée chez moi. À travers les fenêtres, je ne voyais que du gris, ciel, toits, façades. La pluie, cette fine pluie parisienne, qui vrille le cœur et l'âme, ajoutait à mon inquiétude. Je ne savais plus qui appeler, j'avais épuisé tous mes contacts. À l'époque, je ne connaissais pas encore la famille de Loumia. Mes gestes sont devenus machinaux. Composer toutes les demi-heures le numéro d'Hélène. Parler. Raccrocher. Attendre.

Depuis la veille, j'avais délibérément écarté tous les indices d'une issue tragique. Et pourtant, à peine descendue de l'avion, j'avais ouvert mon iPhone et appris que l'équipage d'Air France avait été libéré. J'avais beau lire et relire la dépêche, il n'était pas question de Loumia ni de Mourad.

À Roissy, en attendant ma valise, j'avais questionné une passagère qui s'était échappée de l'Oberoi. Elle avait passé une partie de la nuit dans le parking en compagnie d'autres clients. Son récit m'avait donné la chair de poule. Je n'en tirais cependant aucune conclusion.

J'ai appris la nouvelle à quatorze heures, par la radio. Hélène savait depuis peu. Elle n'avait rien voulu me dire avant l'annonce officielle.

Des amis journalistes m'ont téléphoné pour que je leur livre un témoignage, juste quelques mots « à chaud ». J'ai refusé. Que pouvais-je leur apprendre ?

J'ai un peu pleuré. Puis beaucoup. Puis par vagues. Chez le marchand de journaux, l'énorme titre en une de *Libé*, « Bombay », a déclenché une nouvelle crise de larmes. Je suis sortie de la boutique, je hoquetais sous la pluie. Le soir, j'ai retrouvé Guy. Silencieux comme toujours, mais présent. Il ne m'a pas lâchée.

Après.

J'ai écrit un texte pour *Elle* sur le peu que je connaissais de Loumia.

J'ai rencontré sa famille, découvert tous ses amis au cours d'un hommage rendu au couple au café de l'Esplanade. J'ai appris qu'ils ne prenaient jamais l'avion ensemble, de peur de laisser leurs enfants orphelins.

Je suis allée voir Shama, sa sœur, dans son appartement de Montparnasse, repeint aux couleurs de l'Inde. Assise au bord d'un canapé de velours vert amande, elle était digne dans sa douleur. Elle m'a montré des photos de ses fils, Michaël et Kevin, l'aîné au regard clair, le cadet aux yeux sombres. Nous avons parlé de Loumia. Nous avons même plaisanté, il me semble.

Nous ne nous sommes pas recontactées tout de suite. Je lui envoyais de temps à autre des textos auxquels elle mettait un certain temps à répondre. Je respectais son silence. Sa situation n'était pas simple. Elle devait déménager, consoler les enfants de Loumia et Mourad et les siens, accepter l'inacceptable. La vie devait reprendre son cours. Mais comment ?

Début décembre, il y a eu les répétitions de *Très Chère Mathilde*, une pièce américaine que j'avais adaptée. Israel Horovitz, son auteur, un ami de longue date, était à New York. Nous nous parlions au téléphone presque tous les jours. Je faisais de mon mieux pour le remplacer auprès du metteur en scène et des comédiens. Je vivais comme s'il ne s'était rien passé. J'étais ailleurs. Je disais : « Je reviens d'Inde, j'ai failli être à Bombay au moment des attentats. » Ou : « J'ai une amie qui… » Et puis rien d'autre.

Les répétitions ont pris fin avant Noël. Je suis tombée malade, une bronchite opportune qui m'a permis de rester plus d'une semaine au lit. Je ne voulais plus me lever. La journée, je toussais, je me mouchais et je pleurais. La nuit, je me réveillais couverte de sueur, le cœur dans un étau, et je pleurais encore. Je voyais distinctement le visage de Loumia, j'entendais sa voix, son rire, ses mots qui se bousculaient, je pensais aux enfants. Au réveil, le chagrin ne se dissipait pas.

Je cherchais un sens, une explication. Il n'y en avait pas. Avant mon départ, j'avais dit naïvement à mon analyste : « Je pars pour trouver quelque chose, je ne sais pas encore quoi. » J'étais revenue tellement choquée, tellement triste. Les mains vides, la tête à l'envers.

Je suis restée longtemps dans le flou. Les attaques, les terroristes, je ne voulais pas trop fouiller. Je me contentais de bribes, lues en diagonale dans les journaux. Cent fois je me suis repassé le film de leur dernière soirée. Cent fois aussi, je me suis demandé pourquoi nos chemins s'étaient télescopés avec une telle brutalité. Et si j'étais arrivée deux jours plus tôt à Bombay ? Et si j'étais allée dîner au Tiffin avec eux ?

Mes amis me disaient que je l'avais échappé belle. Je n'y pensais pas, je ne voulais pas y penser. Pas de cette façon en tout cas. Loumia et Mourad n'étaient plus là. La peur rétrospective me semblait indécente.

Cette cécité volontaire a duré jusqu'à l'écriture de ce livre. Je n'ai rien décidé, l'idée s'est imposée peu à peu. C'est devenu une évidence. Loumia et moi avions failli devenir des amies. Mais l'histoire restait incomplète. Il me semblait que je devais repartir à sa rencontre, parcourir le chemin que nous ne ferions pas ensemble. Retracer sa courte existence comme une revanche sur le néant, sur le chaos, sur la terreur. Sur l'absurdité de sa mort. Combattre la violence par les mots, la seule arme que je veux connaître.

Tenter de comprendre aussi. Que s'était-il passé là-bas ? Jusqu'où fallait-il remonter ? De quel côté de la planète le papillon avait-il commencé à déployer ses ailes, avant de déclencher le désastre ?

En relisant nos échanges de mails, j'ai retrouvé un détail oublié. Loumia devait être à Dubaï, le 26 novembre, au moment de mon arrivée chez elle. « Ne t'inquiète pas, tout le monde a l'habitude, on s'occupera bien de toi. » Au dernier moment, elle avait annulé ce voyage.

J'ai revu Shama. J'avais besoin de son approbation pour commencer ce livre. Perdue dans son chagrin, elle n'a pas réfléchi longtemps avant de dire oui. Elle ne savait pas dans quoi je m'engageais. Moi non plus, à vrai dire.

Je suis remontée aux sources, je suis allée à Madagascar et à Bombay, j'ai repris l'histoire des terroristes. J'ai recueilli de nombreux témoignages, la famille, les amis, les relations et l'équipe de Princesse tam. tam. Chemin faisant, j'ai fait de belles rencontres, j'ai noué des liens d'amitié, je me suis rapprochée de Shama et des enfants. L'univers de Loumia ne laisse pas indifférent.

Certains m'ont fermé la porte. Je n'ai pas insisté. Nous avons tous nos douleurs, nos mystères, nos raisons de nous taire. L'amitié, l'affection, la fidélité l'ont emporté chez les autres, ceux qui ont bien voulu me parler. Chacun avait sa Loumia en tête. Elle ne coïncidait pas toujours. Et puis, par petites touches, son portrait s'est dessiné, complexe et dense, lumineux et parfois sombre.

J'ai choisi de retenir le meilleur. Le reste, les petits tas de secrets que nous portons tous en nous, est parti avec elle. Ce n'est pas elle qui se confie, c'est moi qui vais la chercher. Ma vision, ma vérité, ne sont pas forcément les siennes. Mais c'est ainsi que je l'ai perçue.

Écrire sur Loumia est aussi une façon de me tourner vers moi, de me rencontrer, par surprise, au détour d'une page. Quel que soit le sujet d'un livre, on en revient toujours à soi. Au propre comme au figuré, j'ai accompli plus d'un voyage pour assembler ces bouts épars, ces quarante-six années d'existence qui, du Gujarat à Madagascar, de Paris à Bombay, et jusqu'à la fin tragique, ont pris la forme d'une destinée. Celle d'une femme gaie, humaine, curieuse, tolérante, vibrante, entière, française, indienne, malgache et citoyenne du monde entier. Plus libre qu'elle ne le pensait.

Villa Ophélia, au téléphone, j'avais insisté sur la violence du cyclone. Loumia prenait l'anecdote avec trop de détachement à mon goût.

« Le toit de branchages s'est fracassé juste derrière moi ! J'ai failli y passer ! »

Elle a ri encore une fois.

« Tu verras, m'a-t-elle soufflé avant de raccrocher, l'Inde est un pays imprévisible. »

[illegible] que [illegible] influences
[illegible] vibrante, subtile, mécanique, [illegible]
[illegible] du monde [illegible] Plusieurs [illegible]

VIII. [illegible]
[illegible]
[illegible]
[illegible]
[illegible]
[illegible]
[illegible]

GUJARAT – MADAGASCAR

5

Les origines

L'histoire de Loumia commence au Gujarat. Elle commence avec ce peuple dont elle parlait mal la langue, mais dont elle se réclamait avec force. Elle en avait hérité le sens du négoce, la générosité, le courage et l'humour.

Elle commence ce jour de 1895, où Hirjee, son arrière-grand-père paternel, quitte son village de Kakhera, grimpe dans le train de Porbandar, d'où partent les boutres vers l'Afrique. De là, il embarquera pour Madagascar. Hirjee est né en 1875. Son père s'appelle Jivraj. Avant, on ne sait pas, il n'y a pas de registres[1].

---

1. J'ai obtenu plusieurs versions de la biographie de Hirjee, toutes très sommaires. Sophie Blanchy, l'auteure de *Karana et Banians : Les communautés commerçantes d'origine indienne à Madagascar* (Éd. de l'Harmattan, 1995), m'a fourni des documents inédits que j'ai fait traduire du gujarati. Tout s'est perdu faute d'archives, et surtout faute de grand roman familial. À partir des différentes sources, j'ai tenté de reconstruire l'histoire de Hirjee.

À sa naissance, le Gujarat n'est pas encore un État. C'est plutôt un district, divisé en trois territoires et plus de trois cents royaumes, gouvernés par des roitelets placés sous protection britannique. Bordant la côte, la mer d'Arabie se jette dans l'océan Indien. Depuis toujours, l'Inde attire les convoitises. En 1206, les musulmans envahissent le Nord. Trois siècles et des poussières plus tard, Jalaluddin Muhammad Akbar, dit Akbar le Grand, ajoute le Gujarat à son empire moghol. Akbar a beaucoup de défauts mais il est tolérant. Ce n'est pas si courant dans un temps où hindous et musulmans se massacrent déjà au nom de la foi.

Au XVIIe siècle débarquent les Portugais, les Hollandais, et les Français qui s'installent à Goa, Pondichéry, Chandernagor. En 1614, les Anglais ouvrent dans le Gujarat, à Surat, le siège de l'East India Company. Le pays tout entier finit par passer sous leur coupe. En 1876, Sa Majesté Victoria est proclamée impératrice des Indes. Les Indiens deviennent des *overseas British subjects*, des citoyens de second ordre, munis d'un passeport anglais.

Deux décennies après ce sacre, Hirjee a vingt ans, peut-être un peu plus. À cet âge-là, chez nous, on est encore un enfant. Pas lui. La misère et la faim ont laissé des traces sur son corps malingre. Hirjee est ferrailleur, il vend les métaux récupérés sur les épaves. Au moment des récoltes, il loue ses bras pour ramasser le coton. Les artisans en font des étoffes que les marchands exportent dans le monde entier.

Les Gujaratis sont des gens singuliers. Navigateurs et négociants, cultivateurs et artisans, nomades plus que sédentaires, ils se sont enrichis grâce aux vents du commerce qui les ont poussés hors de leurs frontières. Mais la prospérité n'a qu'un temps. Trop de pays fabriquent des tissus de moindre qualité. Et les Anglais donnent le coup de grâce. Ils intensifient la culture du coton, remplacent les graines habituelles par une espèce moins chère, qui réclame davantage d'irrigation, cèdent le monopole du tissage à leurs usines de Manchester. Les commandes baissent en même temps que les sols s'appauvrissent.

Dans les villages, la pénurie s'aggrave. Les dernières moussons ont été défaillantes et les prochaines tardent à venir. Les vieux se souviennent avec effroi des famines. Hirjee connaît leurs récits par cœur, les nouveau-nés partant sans un cri, leurs bouches minuscules agrippées aux seins flétris des femmes, les corps décharnés, couverts de mouches, gisant autour des puits secs, dans les lits poussiéreux des rivières.

Assis tout le jour devant la mosquée, les anciens montrent le ciel où darde un soleil implacable. Dans leurs prières quotidiennes, ils implorent la clémence du Tout-Puissant. Les brahmanes multiplient les *pujas*[1] à Indra, le dieu des orages, à Ganesh, le dieu éléphant qui peut tout. Mais la pluie ne tombe pas.

1. Cérémonies d'offrandes, propres à l'hindouisme, au bouddhisme et au jaïnisme.

Hirjee a longtemps hésité. Doit-il partir ? Franchir le *Kala Pani*, l'Eau Noire, qui effraye tant les hindous[1] ? Traverser la mer impure revient à perdre sa caste, ou à renaître en insecte. Sa famille s'est convertie à l'islam il y a quelques générations, mais les croyances hindoues subsistent. La peur de Hirjee vient de très loin.

Les anciens n'ont peut-être pas tort. On ne sait jamais ce que les fonds marins vous réservent. Et les naufrages sont fréquents, Hirjee le sait bien, lui qui dépèce les épaves. Pourtant, quand il écoute les voyageurs qui rentrent d'Afrique, il se prend à croire en un monde meilleur. Les Gujaratis se sont déjà installés au Kenya, en Tanzanie, aux Comores, à Zanzibar. Avant eux, les marchands arabes y ont propagé l'islam.

Les formalités du voyage sont simples. Les réseaux musulmans prennent tout en charge, il n'y a même pas besoin de contrat. Dans ces communautés, rompues aux lois tacites du commerce, on marche à la confiance. Les filières chiites sont de loin les mieux organisées, les conversions à l'islam se sont donc accélérées. Le choix du culte dépend de l'habileté des prédicateurs. Certains hindous ont choisi d'être bohras, d'autres, comme Hirjee, ismaéliens, d'autres enfin khojas ithna ashery. Chaque culte a ses mosquées, ses madrasas, ses imams, ses façons de prier.

---

1. Le Kala Pani est un tabou de l'hindouisme qui interdit de franchir l'océan Indien et d'entreprendre de longs voyages sous peine de rompre le cycle de la réincarnation et d'être ainsi condamné à l'errance perpétuelle. Ainsi, la plupart des marins indiens étaient-ils musulmans.

Les départs suivent toujours le rythme des moussons. D'octobre à février, les boutres descendent de l'Inde vers l'Afrique, de mai à septembre, les alizés les renvoient en sens inverse. Deux mois de mer, c'est souvent trop : les tempêtes, la dysenterie et les fièvres ont raison des plus faibles. Petit à petit, cependant, les émigrants ont essaimé vers l'intérieur, bâti des maisons, construit des mosquées, créé des commerces, fait venir leurs compatriotes pour leur apprendre le métier, leurs familles pour les y installer. De Zanzibar, certains ont gagné Madagascar, la destination la plus lointaine. Il faut vingt jours pour l'atteindre. Plus d'un boutre a cassé son mât sur les courants qui battent ses rivages.

Hirjee ressasse les dangers. Mais l'instinct de survie l'emporte. La misère est le terreau de l'exil.

Porbandar, où est né Mohandas Gandhi, tient son surnom de « ville blanche » de la pierre dont elle est bâtie. C'est une cité active, industrieuse, moderne, doublée d'un port de commerce. Dans Ouganda Road, l'artère principale, les maisons des riches négociants voisinent avec les temples, finement ciselés, et les mosquées, plus austères.

L'Inde, en cette fin de siècle, est celle des sahibs aux costumes de lin immaculé et des ladies pâles sous leurs ombrelles de soie, des sadhhus et des brahmanes, des bazars où se bousculent mendiants, voleurs, enfants mal nourris, des femmes accroupies sur le sol devant des étals de fortune. C'est l'Inde des vaches au milieu de la chaussée, des chars à bœufs et des chats errants, des odeurs infectes et de l'encens, de la saleté et de la sainteté.

C'est aussi l'Inde du bruit. De l'aube jusqu'à la nuit retentit une clameur sourde, d'insultes, de sifflets, de cris des vendeurs à la sauvette, de processions, de cymbales, de cloches. Au port, on entend des chants, des prières, des airs de flûte. Une *puja* se termine. Le prêtre a versé du lait dans la mer pour amadouer les dieux. Les offrandes, fruits et fleurs posées sur des feuilles de bananier, flottent sur l'eau sale.

Le boutre sur lequel Hirjee s'apprête à embarquer l'impressionne par sa hauteur. Ce navire de bois et de cordes, poupe sculptée, mât incliné, voile en forme de trapèze, est l'emblème de l'océan Indien. Les migrations se font à bord des plus vastes, qui peuvent contenir une centaine de passagers. L'équipage est réduit à quelques hommes. À la manœuvre, deux ou trois *lascars*[1] en sarongs élimés qui flottent autour de leurs cuisses maigres lorsqu'ils grimpent tout en haut des mâts. Les pauvres s'entassent sous un auvent de toile, où sont entreposés les bagages, les réserves de nourriture et d'eau, les marchandises enveloppées dans de gros ballots de jute, le bétail et les volailles. Les plus fortunés ont droit à une tente sur le pont arrière, mais ils préfèrent dormir sous le ciel étoilé, si pur quand l'océan est calme.

Quand Hirjee installe ses maigres possessions, il pense aux maladies, aux tempêtes, aux pirates et aux requins. Il trouve que la mer bouge un peu trop, et

---

1. Matelots.

déjà, son ventre se tord. Comme toujours, dans les moments difficiles, il s'en remet à la volonté divine.

La traversée est éprouvante, même pour les voyageurs les plus aguerris. La plus longue escale a été Zanzibar où le navire a relâché pour se ravitailler. Quelques tempêtes mémorables ont fait croire aux passagers que leur dernier jour était arrivé. Le courage de Hirjee a souvent vacillé. Mais sa foi le protège.

Accoudé au bastingage, il découvre le rivage malgache bordé de palétuviers qui flamboient sous le ciel d'azur. À l'est, les cases des indigènes, paillotes de bois et de raphia. De l'autre côté, les maisons blanches des Indiens, avec leurs toits plats et leurs portes sculptées. Majunga est l'un des ports les plus commerçants de l'île. Sept cents Gujaratis s'y sont déjà établis. Dans cette ville de mélanges cohabitent Malgaches, Comoriens, Mauriciens, Français, Arabes et Indiens.

L'arrivée de Hirjee s'est faite presque en même temps que la proclamation du protectorat français, le 1er octobre 1895. Après quelques mois de combat, le général Gallieni a réprimé les Malgaches insurgés et envoyé Ranavalona III, leur dernière reine, à Alger.

Madagascar, colonie française, n'est plus cette île lointaine où l'on échoue par hasard, mais un nouvel eldorado, stable et sécurisé, qui attire les étrangers. Hirjee, qui pense que son exil est provisoire, ne sait pas encore qu'il y fera souche. Ni que ses descendants deviendront des Français.

Le jeune homme a une adresse dans son bagage. Celle d'un compatriote fortuné, arrivé comme lui de Porbandar, il y a une bonne trentaine d'années. L'homme est désormais un notable, Hirjee s'adresse à lui avec respect. Le marchand a l'esprit pratique. Il conseille au jeune homme de tenter sa chance à Tuléar, un petit port situé au sud-ouest de l'île, à quelques centaines de kilomètres de Majunga. Là-bas, le *tsiokatimo*, le vent de sable, qui souffle en permanence, balaye tout sur son passage. Mais la région ressemble à un immense verger. Les mangues, les ananas, les papayes, les lychees, les jacarandas en font une fête permanente pour les sens, un paradis pour les botanistes.

À Tuléar, Hirjee a repris son métier de ferrailleur. Puis il a transporté du sel vers le Mozambique et en a rapporté quelques moutons qu'il a laissés à Juan de Nova, quand une tempête imprévue a fait échouer son boutre. Il a travaillé dur et longtemps. Muni d'un pécule suffisant, il est revenu dans son village natal pour épouser Jutibay. Le couple a eu deux fils et une fille. L'argent a fini par manquer, et Hirjee a décidé de repartir, cette fois avec femme et enfants.

La deuxième traversée s'est moins bien passée. Un des petits garçons est mort en mer. À Zanzibar, la famille a été recueillie par la communauté ithna ashery. Hirjee a troqué l'ismaélisme pour la religion de ses hôtes[1]. Puis ils sont retournés à Tuléar.

---

1. Pour des raisons diverses, alliances familiales (mariages), appartenance à un réseau marchand ou dissidence religieuse, un

Hirjee était déjà très pieux. Ce changement de culte renforce sa pratique. Il fréquente la mosquée avec assiduité, lit des livres saints écrits par des maîtres gujaratis, élève ses fils dans l'observance et dans l'étude. Pourtant, de nombreux convertis continuent à prier les imams ismaéliens en cachette. Et l'hindouisme des ancêtres reste encore bien présent.

Devenu Hiridjee, à la demande du facteur qui le confond avec ses nombreux homonymes, il abandonne la ferraille et crée son premier commerce : « Hiridjee et Frères ». Il vend du raphia, cultivé à Majunga. Dans l'île se sont créées des centaines d'échoppes, tout aussi minuscules que la sienne. Presque toutes sont tenues par des Gujaratis, de loin les meilleurs en affaires.

Sous le protectorat, les Indiens restent des citoyens de seconde zone, comme ils l'étaient pour les Anglais. Mieux traités que les indigènes, ils ne sont pas beaucoup plus estimés. Les Français les suspectent à plus d'un titre. Ils ont contre eux leurs passeports britanniques[1], leur culte musulman[2] et leur teint basané. En outre, les colons, qui adorent semer la discorde, affirment qu'ils exploitent les Malgaches. L'instruction républicaine leur fermera longtemps ses portes. Les plus riches envoient leurs enfants étudier en Inde, les pauvres apprennent à lire dans les madrasas.

---

certain nombre d'ismaéliens sont devenus des khojas ithna ashery en abordant les côtes africaines.

1. L'Angleterre est la grande rivale de la France dans l'océan Indien.

2. Ils sont soupçonnés de loyalisme envers la Turquie musulmane quand, en 1914, celle-ci s'allie à l'Allemagne.

En 1912, après quelques spéculations malheureuses sur le raphia, Hiridjee fait faillite. Il contracte le tétanos et meurt un an plus tard, le jour de l'Achoura, ce qui, pour un croyant comme lui, est une grâce. Il n'a pas fait fortune, il a surtout tenté de survivre. Mais il s'est sorti de la misère et toute sa famille avec lui. À son décès, Jutibay, son épouse, est enceinte du dernier de leurs huit enfants.

Un de ses fils s'appelle Goulamaly, il est né en 1903, c'est le grand-père de Loumia. À la mort de leur père, ses frères et lui se sont lancés dans le commerce des pois du Cap, ils ont ouvert un comptoir à Majunga. Goulamaly a épousé Korsambay et lui a donné cinq enfants. Quand il meurt en 1932, du tétanos lui aussi, sa femme n'a que vingt-trois ans, le cadet de leurs enfants, quelques mois à peine. Il se prénomme Abdoulrassoul, on le surnomme Fidou. C'est le père de Loumia.

Korsambay, la jeune veuve, se débrouille comme elle peut. Elle élève quelques poules, vend leurs œufs. Avec l'argent, elle achète une machine à coudre d'occasion, raccommode, ravaude, brode. Les petits ont de quoi manger, ils vont à l'école.

Mamodhoussen, l'oncle de Fidou, le plus jeune des fils de Hiridjee, est né en 1913, quelques mois après la mort de son père. C'est le libre penseur de la famille. À seize ans, il a quitté Madagascar pour Porbandar et il a demandé un passeport indien. Pendant des années, il voyage en Inde et pense même s'y installer.

Mais sa famille lui manque. Quand il revient dans l'île, ses frères lui confient la direction du comptoir qu'ils viennent de créer à Morondave.

Au début des années quarante, Mamodhoussen laisse la fratrie pour monter un commerce à Tananarive. Comme le veut la coutume, il a pris en charge ses neveux mâles, les fils de Korsambay, et leur a proposé de s'associer avec lui. Baptisée « Hiridjee et Cie », l'entreprise fait venir des tissus du Japon, exporte de l'huile d'arachide et des peaux de crocodile que Mamodhoussen et Fidou vont chasser dans les marais. L'oncle et les neveux partagent la même demeure.

Le conflit mondial perturbe ces vies paisibles. Pendant quelques années, l'administration française se met aux ordres de Vichy. Après la guerre, les Anglais, qui ont occupé l'île en 1942, la remettent au général de Gaulle. Les mouvements nationalistes se développent jusqu'à la grande insurrection de 1947. Réprimée par les Français, elle fait quarante mille morts parmi les Malgaches. Fidèles à leur tradition de non-ingérence, les Indiens ne se mêlent pas de politique. Ils préfèrent nettement les affaires.

Pour les Hiridjee, les années d'après-guerre sont celles de l'opulence et de l'ascension sociale. Les hommes voyagent en Asie, en Europe, montent une succursale à Paris. Les femmes organisent des dîners, des bridges, des soirées. On vit toujours comme à Porbandar ou à Bombay, on parle gujarati en famille, on se marie entre soi, les valeurs, les coutumes, la cuisine, restent indiennes. Mais la France devient une référence, les plus modernes adoptent ses codes.

Une autre famille de Tuléar a prospéré, c'est celle de Mourad Amarsy, le futur mari de Loumia. Son père et ses oncles ont commencé par vendre des pois du Cap. En charrette à zébu, par tous les temps et sur les mauvaises pistes, ils vont jusque dans les villages de l'intérieur pour acheter les récoltes des Malgaches. Au retour, ils les revendent aux comptoirs de la côte.

Après la guerre, ils délaissent les charrettes au profit d'un camion et d'une voiture Vanguard abandonnés par les Anglais. Les routes, quand il y en a, sont si dangereuses qu'ils fournissent aussi des pièces détachées pour réparer les véhicules. Ce nouveau commerce fera leur fortune.

Au milieu des années cinquante, Fidou Hiridjee épouse Zubeida Barday. Sa famille, la crème de la crème pour la communauté gujarati, possède toutes sortes d'entreprises et d'usines à Tananarive et à Bombay, et même un cinéma à Porbandar.

Fidou est sympathique, charismatique, bon vivant, mais aussi coléreux et sanguin. Zubeida est élégante, têtue, rebelle, en avance sur son époque. Elle déteste les travaux ménagers, préfère le bridge, le poker, les sorties, les bijoux, les coûteux saris de soie, les voitures qu'elle conduit elle-même. Elle a ouvert très tôt son premier compte en banque pour y déposer l'argent donné par son père pour son mariage. Son indépendance ne plaît pas trop à son mari, soucieux du qu'en-dira-t-on. Et pourtant, d'une certaine façon, il l'encourage à s'affirmer. Avec deux tempéraments aussi forts, les conflits sont fréquents.

En 1959, une inondation emporte les entrepôts des Hiridjee. Il ne reste plus rien des stocks de marchandises. Tout le monde est ruiné. Le traumatisme va rester dans la mémoire du clan. Les associés se séparent, Fidou trouve un emploi dans l'entreprise familiale, à Tuléar. Il y repart avec sa femme et leur fille, Shama, née en 1956. C'est la première enfant du couple, l'aînée de la tribu de cousins qui va suivre. Elle est très aimée, très choyée par tous.

Loumia n'est pas encore née.

6

Tananarive

En mai 2012, plus de cent ans après Hirjee, je suis partie à Madagascar où Nilam, la cousine de Loumia, m'avait invitée.

À Paris, où elle séjourne souvent, Nilam avait insisté : « Il faut que tu viennes tant que mon père vit encore, il pourra te raconter. » Housseinaly était le petit-fils de Hirjee. À l'époque, l'un des derniers témoins des origines.

Ce n'était pas mon premier voyage là-bas. En avril 2004, j'y avais passé, avec des amis, quelques jours de vacances. L'extrême misère de Tananarive nous avait tout de suite heurtés. Dès le seuil de notre hôtel, trop de scènes poignantes. Cette mère édentée qui réclamait du lait en poudre pour le minuscule bébé pendu à son sein, puis de l'argent, puis mon cornet de glace. Ces gamins dépenaillés, aux mains tendues, aux sourires mécaniques. À chaque pas, nous nous sentions trop blancs, trop riches, trop impuissants.

Au marché d'Antsirabé, à cinq cents kilomètres de la capitale, ce petit enfant recouvert d'un simple sac-poubelle, qui jouait dans les déchets ; ces hommes en guenilles tirant des pousse-pousse comme des animaux de trait ; ces femmes vieilles à trente ans, résignées. Au centre de la ville, échoué comme un paquebot fantôme, le grand hôtel des Thermes, où Muhammad V, sultan du Maroc, avait vécu en exil au début des années cinquante, entouré de sa famille et de sa cour. Partout, dans les vastes avenues, les jardins, les monuments publics, les bâtiments délabrés, flottait un parfum colonial fané, une atmosphère des années trente.

En contrepoint au dénuement, la beauté sauvage, éclatante, joyeuse. Sur la nationale 7, les paysages étourdissants défilaient, rizières d'un vert intense, terre rougie comme d'un trop-plein de sang, arbres étranges, aux branches déformées qui se détachaient dans le ciel limpide. Devant nous, une charrette à zébu sortie d'un autre siècle. Au bord de la route, une femme à la démarche de reine, un seau en plastique en équilibre sur sa tête.

Et Nosy Be, qu'aimait tant Loumia, l'île aux parfums d'où l'on embarqua sous l'orage à destination de Tsara Banjine, une langue de sable blanc posée sur une mer couleur lagon. Dans ce paradis, pendant cinq jours, nous avons oublié la misère. C'était du tourisme superficiel, pétri d'insouciance et de culpabilité. En partant, nous avons donné à un dispensaire les médicaments qui nous restaient, aux mendiants, notre menue monnaie. À Paris, j'ai fait un don à une ONG. Fin du voyage.

À l'époque, je ne connaissais pas encore Loumia, même si j'avais lu des portraits des deux sœurs dans les journaux. Le nom de Princesse tam.tam m'était plus familier. Comme beaucoup de femmes de ma génération, j'en portais la lingerie depuis les débuts, ou presque.

Nilam a le même âge que Loumia, elle a été élevée avec elle. C'est une femme au sourire franc, fine et intuitive. Elle m'accueille avec ce sens de l'hospitalité, cette générosité particulière aux Indiens. Les villas de la famille sont situées dans l'enceinte d'Enduma, leur usine de plastiques. Ses frères ont créé une fabrique de pains et de gâteaux industriels, une chaîne de boulangeries et une autre de salons de thé. Elle s'en occupe très activement. Ils possèdent aussi des plantations de vanille, de cacao, d'huiles essentielles, dans le nord de l'île.

Je la questionne sur tout, Madagascar, sa famille, son enfance, celle de Shama et de Loumia. En l'espace de quatre générations, les Indiens musulmans de Madagascar[1] ont concentré entre leurs mains presque toute l'économie de l'île. Et plus spécialement les ithna ashery[2] établis dans les services, l'alimentation,

1. 15 000 Indiens pour 15 millions d'habitants.

2. Madagascar compte cinq communautés indiennes dont 80 % sont musulmanes, avec une majorité de chiites (bohras, khojas ismaéliens, khojas ithna ashery) et une minorité de sun-

le commerce de luxe, les exploitations agricoles. Entre Malgaches et Indiens, les relations demeurent aussi tendues qu'au temps de la colonisation, les premiers pensent toujours que les seconds les exploitent, les seconds se sentent rejetés par les premiers. Ils craignent aussi les opérations contre les « karanes[1] » qui agitent le pays de façon sporadique. Magasins pillés, usines brûlées, voitures incendiées, le bilan est souvent très lourd. Ceux qui sont restés, après le premier grand exode vers la France, dans les années soixante-dix, vivent en circuit fermé, certains même en camps retranchés comme Nilam et sa famille.

Avant de passer les grilles qui gardent la propriété, le chauffeur emprunte une route poussiéreuse où s'étale toute la pauvreté de Tana. Rien n'a changé depuis mon précédent séjour. Une foule en haillons se presse dans la boue et la poussière, partout de petites bicoques, des étals d'objets hétéroclites posés à même le sol ou sur des tréteaux de fortune. On ne sait pas très bien ce qui se vend ni quel bénéfice microscopique les vendeurs en retirent.

« C'est le peuple de la débrouille », me dira un peu plus tard Yasmini, la tante de Loumia. Ou plutôt l'économie de la survie. Il suffirait d'une étincelle pour que l'embrasement survienne.

---

nites. Une autre minorité est hindoue. Ces communautés ont de bons rapports entre elles mais ne se mélangent pas.

1. Les communautés musulmanes sont appelées péjorativement karanes, un mot dérivé du mot Coran. Les hindous sont surnommés banians, les marchands.

Nilam prend son rôle de guide très à cœur. Son chauffeur nous conduit dans la partie bourgeoise de la ville, ses belles maisons, ses rues tranquilles, loin de la misère.

Le premier arrêt est pour la maison d'enfance de Loumia, à Ankadivoto, sur les hauteurs. C'est une grande bâtisse à un étage, d'une couleur rouge sombre, celle de la terre de Madagascar. Un balcon court le long de la façade. La porte grillagée est fraîchement repeinte de blanc.

Nous allons ensuite au lycée Jules-Ferry, où Loumia était élève, puis au collège Saint-Joseph, l'établissement catholique pour jeunes filles de bonne famille, toutes confessions mélangées, où a étudié Shama. Des grappes d'enfants bruyants sortent des bâtiments fatigués. J'imagine les deux fillettes en tabliers roses, des barrettes retenant leurs cheveux bien peignés, des sourires où manquent quelques dents de lait, galopant vers la voiture dès que la cloche sonne.

Je rencontre d'autres membres de la famille. Au début, je me perds dans les noms, les fratries, les clans. On me raconte beaucoup d'histoires sur l'exode à Madagascar. Chacune d'elles est un petit roman. Si les versions diffèrent, le scénario reste le même. Les pères fondateurs transmettent des valeurs solides : travailler sans ménager ses forces, vivre d'une manière pieuse et frugale, s'entraider et prier.

Je vois d'abord Housseinaly, le petit-fils de Hirjee, le père de Nilam, l'oncle paternel de Loumia. C'est un monsieur âgé, aux cheveux blancs clairsemés, au port digne. Pour me parler, il a tenu à quitter son lit. Sa fille l'a installé sur le canapé du salon, devant la baie vitrée qui donne sur le jardin.

Housseinaly me fait penser à mon grand-père Albert, à ces hommes humbles, obscurs, qu'on rencontre dans toutes les communautés de bâtisseurs, des pionniers courageux et travailleurs. Évoquer le passé lui fait du bien, peut-être parce qu'il se sait proche de la fin. Il est mort quelques mois après notre entretien. J'ai donné les enregistrements à sa famille.

Nilam m'emmène déjeuner au Country Club de Tana où elle joue au golf le dimanche, avec la tante de Loumia, qui a épousé un des frères de sa mère. À soixante-dix ans passés, Yasmini est toujours une belle femme, raffinée, élégante, un tantinet snob. Elle est née à Bombay. De là, peut-être, vient sa façon de parler du bout des lèvres, comme si elle voulait angliciser son français avec un soupçon d'accent british.

Yasmini a connu l'Inde, ses fastes et sa folie avant l'indépendance. Avec ses manières très Old Raj, Yasmini a transmis à Shama la nostalgie d'une Inde sublimée, un roman familial pétri de maharadjahs, de fêtes et de palais fastueux. Encore aujourd'hui, Shama continue de rêver à ce pays fantasmé où jamais elle ne pourrait vivre. C'est Loumia qui a franchi le pas.

Asgar est le cousin germain de la mère de Loumia. Il me reçoit à son bureau, dans le centre de Tana. Son nœud papillon rose, l'ironie de son regard détonnent avec sa réussite et son sérieux. Sa famille possède des usines, des exploitations agricoles, des biens immobiliers. Avec lui, j'entrevois la complexité du sentiment identitaire, que je vais retrouver chez Shama, chez Loumia et la plupart des membres de leur grande famille. Chez les ithna ashery, il y a les très Indiens, les très Français, les très Malgaches et les sous-catégories, à géométrie variable. Ainsi, Asgar, qui récuse le mot « karane », revendique ses paradoxes. Il aime la France et Madagascar, ne peut vivre qu'à Tana, ne parle pas le malgache mais le gujarati. Pourtant il a relégué son indianité au rayon des objets encombrants. Il ne se sent pas non plus musulman.

Conscient de sa fortune, de sa réussite, de sa position sociale, Asgar laisse percer dans sa voix une vraie admiration lorsqu'il évoque la renommée de Loumia et de Shama, qui a rejailli sur tous. Parce que ce sont des filles, nées dans un milieu de commerçants mâles, leur mérite n'en est que plus grand.

Akbar est un arrière-petit-fils de Hirjee, un grand cousin de Loumia. Nous dînons ensemble dans un restaurant malgache où je tente le ragoût de zébu. Malgache par le cœur, français par l'esprit et la nationalité et indien de toute son âme, Akbar est surtout un humaniste, bourré d'érudition et d'humour, pétri de ses différentes cultures francophones. Il voudrait tout réconcilier. Est-ce un hasard s'il porte le prénom de l'empereur œcuménique ? Conteur hors pair, il évoque les bannières jaune safran des armées de l'Aga Khan, arrivé au Gujarat au XIXe siècle. Son petit-fils, troisième du nom, aurait offert le voyage en boutre aux paysans hindous.

Il me parle longuement des Gujaratis, de leur humour, de leur mauvais caractère, de leur bougeotte héréditaire qui les a fait essaimer dans trente pays autour du monde. « Ce sont les Juifs de l'Inde. » Et de m'énumérer les points communs entre les deux peuples : le nomadisme, l'exil ancré dans les gènes, le sens des affaires, l'adaptabilité, l'innovation, la solidarité, les valeurs familiales.

Je vais souvent entendre la comparaison. Amine, un autre cousin, qui me parle tout à la fois de son gourou en Inde et de son pèlerinage à La Mecque, me glisse entre deux confidences qu'il n'est de nulle part et de partout, « un peu comme les Juifs ».

Mamod, un cousin de Mourad, que je rencontre à Paris, semble d'accord. Il regrette simplement que la quête de la connaissance, si ancrée chez les Juifs, ne fasse pas partie des traditions des Gujaratis de Madagascar.

Moi aussi, comme Akbar, au fur et à mesure de ma quête, j'ai trouvé des ressemblances entre les Gujaratis de Madagascar et les Juifs de Tunisie dont je suis issue. La nostalgie pour un âge d'or perdu à jamais, où pourtant les deux communautés vivaient « entre le marteau et l'enclume », les Français qui les regardaient d'en haut et les natifs qui les détestaient d'en bas. Et puis la force du clan, la pelote embrouillée des identités, le repli sur les traditions et le vif désir d'ouverture, l'amour d'une France dans laquelle tous aspirent à se fondre tout en voulant s'en dégager. Et le tropisme, toujours vivace, de la Terre promise, l'Inde ou Israël, selon chacun.

Chez Nilam me sont revenus, en vrac, les souvenirs fugaces de mes cinq premières années à Tunis, détails infimes, minuscules fragments que je croyais oubliés à jamais.

La table dressée d'une nappe blanche, garnie de porcelaine fine, comme chez mes grands-parents. L'efficacité silencieuse des *nénènes*[1], mères de substitution comme autrefois les bonnes arabes. Le passé colonial toujours vivace avec les domestiques au garde-à-vous. Et puis les maisons bien tenues, les odeurs de propre et d'insecticide, les cuisines rangées à l'heure de la sieste, quand flottent encore dans l'air des relents de friture et que, sur le buffet, entre deux assiettes, sont posés les restes du repas de midi. Une vie facile, ralentie, qui ressemble à une prison dorée.

Des correspondances troublantes peut-être plus rêvées que réelles, qui tiennent sans doute à un Orient commun, plus décousu, plus affectif, plus fou aussi que l'Occident que j'ai fait mien. Ce désordre, je le comprends, je le ressens de toutes mes fibres. Il me va droit au cœur.

1. Nounous malgaches.

7

Tuléar

Loumia parlait vite et dru, les mots sortaient sans interruption de sa bouche, une boutade, un trait d'esprit, un jaillissement d'idées.

Au contraire, Shama réfléchit, décrypte, décortique, interroge, interprète. Son métier de psychanalyste se devine au détour des phrases. Elle est souvent très drôle, mais son humour reste discret, peut-être parce qu'elle est l'aînée. Après les attentats, elle a laissé son appartement confortable de Montparnasse, son cabinet, sa vie tranquille, ses livres, ses habitudes et elle s'est installée chez Loumia et Mourad. Elle a restructuré l'espace, repeint les murs de couleurs vives, parsemé les meubles et les murs de touches indiennes, tentures, tableaux, tissus brodés, aménagé un studio indépendant, qui jouxte la maison, pour recevoir ses patients.

Sans même réfléchir, elle a pris en main l'éducation de ses neveux et de sa nièce, Naeem, Ilana et Rayane, parce que c'est ainsi qu'on a toujours fait dans leurs familles. Sa vie tourne désormais autour des enfants et de ses propres fils, Michaël et Kevin, de jeunes adultes, qui encadrent avec affection leurs cousins, comme le feraient des frères aînés.

Pour évoquer leurs jeunes années, elle se carre dans un canapé, allume une cigarette, ferme à demi ses yeux sombres cachés derrière de grosses lunettes qui changent de forme ou de couleur selon l'humeur et lui donnent un air de gaieté même quand elle est triste.

Sa mémoire fait surgir deux petites brunes au teint mat, vives et malicieuses. Inséparables. Du haut de ses six ans, Shama a tout de suite accueilli avec joie ce cadeau du ciel, cette sœur née le 1er mars 1962, l'année de l'indépendance de l'île. Shama s'occupe de tout, les jeux, les devoirs, les poésies, les lectures, la toilette, les vêtements. La cadette obéit sans broncher à cette aînée dont l'affection sans limites est indissociable de son pouvoir sur elle.

Loumia est jolie. Des yeux étirés sur les tempes, un menton volontaire, un sourire enjôleur, de longs cheveux d'un noir épais qui descendent jusqu'à la taille. Elle déteste quand Marie, la nénène aux manières brusques, la coiffe avec la brosse en fer. Elle a déjà beaucoup d'énergie mais ne sait pas toujours comment l'employer, ce qui peut la rendre irritable ou mutique.

Leur mère n'a aucune patience. Ni pour les leçons, ni pour les jeux, ni du reste pour la moindre tâche maternelle ou ménagère. C'est inhabituel dans leur milieu. Comble de l'audace, elle conduit seule sa décapotable rouge avec laquelle, chaque après-midi après l'école, elle emmène ses filles faire un tour en ville. Une vraie récompense.

Fidou et elle sortent tous les soirs. Shama est la préposée à l'habillage. Avant le dîner, elle se glisse dans sa chambre et l'aide à choisir puis à revêtir l'un des innombrables saris qu'elle sort un à un de son armoire. Le goût de Zubeida est infaillible, elle a transmis le sens de la beauté à ses filles. Ces soieries déployées et jetées sur le lit ont donné à Shama la passion pour les tissus, les nuances vives, les mélanges de couleurs.

La famille habite une grande maison basse avec un balcon extérieur, une terrasse, un toit de tôle et un portail de fer. Située au centre-ville, sur le boulevard Delaveau, la plus grande artère, elle jouxte le magasin de Fidou. À l'époque du protectorat, le général Gallieni a transféré à Tuléar toute l'administration française, il a fait reconstruire la ville en damier, selon la norme coloniale, avec des rues perpendiculaires, de larges avenues, des monuments imposants.

En face se dresse l'immeuble Amarsy, celui de la famille de Mourad. Un peu plus loin, le marché couvert, où l'on vend, sur des nattes tressées posées à même le sol, des bananes, des légumes, des plantes médicinales, des épices et ces mangues au jus succulent que les nénènes pèlent avec les doigts.

Leur enfance convoque les couleurs tropicales, les fruits mûrs, les baignades, les promenades à vélo le long des rues bordées de palmiers, la route de l'école en pousse-pousse, les forêts de baobabs, les champs de canne à sucre, les manguiers, les flamboyants, les jacarandas et les frangipaniers au parfum puissant.

Shama évoque ses souvenirs dans le désordre. Le léger vrombissement de la clim qui accompagne leur sommeil, si bien que devenues adultes, ni elle ni Loumia n'ont jamais pu s'endormir sans ce léger bruit agaçant. L'arrivée, chaque mois, du paquebot en provenance de France et les biscuits achetés à l'équipage dont les uniformes impressionnent les enfants. Les poupées Peynet tout en haut de l'armoire qui ont inspiré une de leurs premières collections de lingerie. L'odeur pestilentielle des algues qui sèchent dans la cour. Fidou, dont les activités commerciales sont multiples, y entrepose aussi de gros ballots de jute marron bourrés de fripes qu'il achète en Europe.

Les nénènes lavent, nourrissent, veillent, consolent, rassurent, racontent des histoires qui font peur, rythment la vie de tous les jours. Après le déjeuner, quand Loumia et Assya, la toute petite sœur, dorment enfin, Shama se réfugie dans la buanderie. Elle joue, elle lit, elle rêve, bercée par le cliquetis métallique du fer à repasser sur la planche. L'odeur du linge propre la rassure. C'est son oasis de calme dans un quotidien trop souvent troublé par les cris. Ces rares instants de paix lui sont indispensables.

Quand Loumia ne réussit pas à s'endormir, elle se relève sans bruit et va chercher Shama pour s'amuser. Leur jeu préféré est de grimper sur les hautes piles de fripes, dans la cour, et de sauter sur le sol, avec des éclats de rire. Si Marie les surprend, elle se fâche. Il lui arrive de les battre. Elles en ont peur. Elles ont souvent peur, du reste.

Les adultes peuvent être tellement effrayants, comme ce cuisinier alcoolique que les parents persistent à garder. Tous les soirs, il tambourine à leur porte en hurlant. Recroquevillées sous les draps blancs, elles ne bougent pas, restent silencieuses, si bien qu'il finit par retourner se coucher. Elles l'évitent quand elles le croisent car les coups pleuvent sans raison. Mais elles le craignent trop pour oser se plaindre.

Ces terreurs ne sont rien à côté des fantômes dont les menace régulièrement Marie. Si elles ne sont pas sages, ils viendront les chercher pour les emmener en enfer. À Madagascar, les esprits côtoient naturellement les humains, les nénènes leur apprennent à les respecter. Il y a des rituels exigeants, secrets, des pratiques de sorcellerie, des *fadys*[1] à ne pas transgresser. On ne doit sous aucun prétexte passer sous le grand tamarinier planté au centre de la ville. Il ne faut pas non plus s'asseoir sur le pas de sa maison lorsque le riz pousse. Une tombe se désigne avec l'index plié. Les interdits existent pour chaque moment de la journée, les enfreindre serait offenser les ancêtres.

Mais on peut aussi les amadouer. Dès que les parents sortent, c'est le signal. En chemise de nuit, les petites se précipitent dans la maison du gardien animiste, pour partager le dîner familial, du riz cuit dans un chaudron, servi dans des assiettes émaillées. C'est le repas qu'elles préfèrent. Après manger, vient

1. Tabous.

le moment des exorcismes. On revêt des masques jaunes, on chante et on danse pour faire fuir les esprits. Parfois, on continue la fête dans la rue.

Ces moments délicieux s'interrompent brusquement dès qu'elles entendent grincer le portail, signe que les parents sont de retour. C'est alors la cavalcade vers la chambre. Fidou serait furieux d'apprendre qu'elles traînent avec les domestiques. Les colères de leur père sont plus réelles que celles des fantômes, il ne faut pas les provoquer.

Le dimanche, on va se baigner avant le déjeuner. Pendant la Seconde Guerre mondiale, les Anglais ont construit des casemates sur la plage de la Batterie. Il reste des vestiges enfouis dans les dunes que les enfants escaladent en hurlant. Elles sautent dans les rouleaux qui s'écrasent sur le rivage, regardent les pêcheurs ramasser leurs filets, observent les boutres filer sous le vent.

Si Fidou a réussi à se réveiller, après une nuit blanche passée à jouer au poker, il les accompagne. Qu'il s'occupe d'elles n'est pas si courant et puis il déteste tellement la plage qu'il pourrait changer d'avis, alors elles se dépêchent. Elles grimpent à l'arrière de la 404 grise et savourent à l'avance le rituel de la journée. Le chauffeur les dépose à la boulangerie pour une tournée de glaces, puis devant le bazar où Fidou achète une bouée pour Loumia qui ne sait pas encore nager, un ballon pour jouer dans l'eau. À l'ombre des palétuviers, leur père lit son journal ou somnole. La nénène est là pour surveiller ses filles.

Une photo les montre tous les trois, postés aux fenêtres de la voiture garée devant la piscine municipale, sur une avenue bordée de palmiers. Déjà très sportive, Loumia exécute de gracieux plongeons pour épater son père. Elle sait qu'elle est le garçon manqué de la famille.

Le couple a commencé à fréquenter les Français dont bon nombre sont demeurés dans l'île. Mais chacun reste à sa place. Riches ou pauvres, musulmans ou hindous, patrons ou domestiques, *vahazas* ou natifs, blancs ou basanés, le nuancier des hiérarchies est d'une grande subtilité.

Ces différences se vivent sans y penser tant elles semblent naturelles. Shama, née à Tananarive, a balbutié ses premiers mots en gujarati, est allée à l'école publique, n'a pas pratiqué de sport, n'a pas eu d'amis français. Elle s'est longtemps sentie exclue du jeu social. Les Blancs l'intimident trop. Elle préfère cueillir des mangues et les déguster avec ses cousines. Au sein de la tribu, elle est rassurée, protégée. Réconfortée.

Les barrières finissent par tomber. Ses parents ont été admis au Country Club de Tuléar. Loumia y apprend le tennis et le golf pendant que les adultes jouent au bridge. Elle fréquente l'école privée de la ville, suit des cours de piano et de danse. Sa langue maternelle est le français. C'est tout naturellement qu'elle absorbe les codes que sa sœur aînée mettra tant de temps à apprendre.

Le plus grand plaisir de Shama est de séjourner chez sa tante Yasmini, à Majunga. La terrasse de sa maison blanche surplombe la mer. La journée, on se baigne, on se rend visite. Le soir, les adultes, installés dans des fauteuils en rotin, boivent du whisky et grignotent des cacahuètes grillées en écoutant Charlie Parker. Après dîner, on danse sous les étoiles. Les invités sont des Européens, banquiers ou diplomates que Yasmini reçoit en sari. Tous s'extasient sur son élégance. Amir, son mari, n'est pas en reste, avec sa *kurta pajama*[1] de coton blanc.

---

1. Chemise qui descend jusqu'à mi-cuisses, portée sur un pantalon ample.

Pendant la sieste, Yasmini lui fait la lecture. La jeune fille découvre Sartre, Beauvoir, Camus et Freud. Les livres feront toujours partie de sa vie. Elle tente de partager ce qu'elle apprend avec Loumia, qui préfère les jeux de plein air.

Les fillettes apprécient les fêtes musulmanes pour les rituels et la ferveur. Surtout l'Achoura qui commémore le massacre de l'imam Hussein, petit-fils du prophète Mahomet, à Kerbala, en Irak. C'est la grande célébration des chiites, l'occasion pour les croyants d'expier leurs fautes.

Pour les khojas ithna ashery, ce jour de commémoration est très important. Dans tout le pays, les Indiens se rendent à la mosquée en famille après que le cénotaphe de l'imam a été promené en ville sous les lamentations. Les prières sont accompagnées de chants funèbres. Les prêches racontent toujours la même histoire, celle du meurtre de Hussein.

Les femmes ont troqué leurs saris éclatants pour des vêtements sombres. Elles forment une ronde, sanglotent, s'évanouissent bruyamment. Les hommes se frappent la poitrine et se flagellent pour se punir de n'avoir pu empêcher ce grand malheur. La tension est à son comble, les lumières s'éteignent. Puis l'imam calme peu à peu les esprits. Tout retombe. Le deuil se poursuit pendant quarante jours.

Cette cérémonie, qui réunit même les moins croyants, a quelque chose de rassurant. Dans cette communauté soudée, les fillettes se sentent importantes, choyées. À leur place. Pourtant, leur mère met un point d'honneur à s'écarter de la mosquée. Peut-être parce que leur père la fréquente.

Shama a quinze ans et Loumia neuf, lorsque leurs parents retournent à Tananarive. Fidou s'est refait une situation, il a monté une entreprise de tôle ondulée, une fabrique de clous, une usine de plastiques. Il s'est également lancé dans le textile à l'île Maurice. Shama, revenue un peu plus tôt, s'est installée chez sa grand-mère maternelle qui vit toujours comme à Porbandar. À ses côtés, l'adolescente complète son éducation indienne. Mais à Madagascar, toutes les coutumes finissent par se mélanger.

Ainsi, tous les dimanches, on se retrouve pour la journée au *tsambo*, une habitude malgache qui va devenir une de leurs traditions préférées. Chaque famille ou presque possède un lopin de terre, avec une bicoque en dur pour faire la cuisine. Les adultes disputent des parties de pétanque tandis que les enfants s'initient au volley. Après les jeux, tout le monde s'attable pour un pique-nique géant. La famille Amarsy est souvent invitée par les Hiridjee. C'est ainsi qu'adolescents Loumia et Mourad se sont rencontrés, qu'un léger flirt s'est ébauché.

Les dimanches soir, on dîne en famille chez Korsambay, la grand-mère. Elle règne d'une poigne de fer sur son petit monde. Ses fils au caractère si dur la vénèrent. Juste retour des choses, elle malmène ses brus, à l'indienne. Une photo en noir et blanc les montre tous réunis. Les femmes en sari entourent leur belle-mère. Les hommes debout derrière le dossier du canapé portent des costumes et des cravates. On sent l'aisance, la réussite, le confort. La machine à coudre n'est pourtant pas très loin.

À cette époque, deux Loumia coexistent déjà. La Loumia solaire, énergique, qui amuse son père, chante, joue de la guitare et fait se tordre de rire sa tribu de cousins en imitant les adultes. Et puis l'autre Loumia, la ténébreuse, timide jusqu'au mutisme, qui bégaye et grimace pour s'exprimer. Ses sœurs se moquent gentiment d'elle et la surnomment « Bouche tordue ». En grandissant, la première Loumia gagne du terrain sur l'autre. Mais la seconde la rattrape souvent.

Shama garde précieusement des albums remplis de photos dans sa maison de Saint-Rémy. Depuis le drame, elle a du mal à les feuilleter mais me les montre bien volontiers. Une photo en noir et blanc, aux bords dentelés, l'a saisie, extasiée, devant le berceau de sa sœur, un bébé aux yeux rieurs dont les jambes potelées sortent d'une barboteuse. Sur une autre, les fillettes portent des robes blanches. Elles tiennent une poupée folklorique. Shama a un grand sourire sans dents, Loumia semble à la fois intimidée et curieuse.

Là encore, le jeu des ressemblances. Enfants, ma sœur cadette et moi sommes pareilles à ces deux fillettes en noir et blanc. Nous avons porté les mêmes robes de coton, les mêmes chasubles grises d'où dépassaient des chemisiers impeccables, nous avons joué avec les mêmes poupées Peynet. Nous avons eu les mêmes nounous pour nous élever, les mêmes parents querelleurs. Les nôtres ont divorcé.

Comme de chaque côté d'un miroir sans tain, nous nous superposons les unes aux autres, Shama et moi, ma sœur et Loumia. Nous voilà chuchotant et gloussant à l'heure de la sieste. Nos quatre petits corps brun foncé contrastent avec les draps de coton blanc. Et nous voici encore à la plage, nous ramassons des coquillages, bâtissons des châteaux de sable, puis nous nous éclaboussons dans les vagues. Me viennent des images de sel sur la peau, de doigts fripés à force d'être restés dans l'eau, de lèvres bleuies et de membres tremblants, de draps de bain dont on nous enveloppe à peine sorties de la mer.

C'est nous quatre encore chez le marchand de glaces ou de beignets, nous à la sortie de l'école, dans la mercerie de mon grand-père Albert, à Tunis, fouillant parmi les coupons de tissu, respirant les odeurs de craie couturière, de fils et de boutons, jouant dans la cour de Tuléar qui sent le varech et les vieux habits, nous glissant dans les entrepôts de Fidou, à Tana.

Nous quatre. Deux et deux. Deux aînées affectueuses, autoritaires, responsables, protectrices, castratrices. Deux cadettes obéissantes, admiratives, insouciantes et rebelles. C'est sans doute parce que cette histoire raconte celle de deux sœurs, dont l'une ne sera plus jamais là pour l'autre, qu'elle me bouleverse à ce point.

PARIS

8

Un choc thermique

Loumia, 1975. Photo en noir et blanc. Visage poupin, cheveux courts, rétifs à la discipline, une frange au ras des sourcils, un sourire timide, quelques boutons d'acné. L'adolescence est un monde ingrat lorsqu'on quitte les rivages dorés de l'enfance.

Comment réagit-elle lorsque, à la rentrée scolaire de septembre, elle part rejoindre Shama qui vit à Paris depuis trois ans ? « Une douche froide culturelle et un sacré choc thermique », déclare-t-elle, des années plus tard, à l'occasion de l'anniversaire de Princesse tam.tam. Toujours ce sens inné de la formule. Dans les interviews qu'elle accorde à une presse friande de belles histoires, elle verbalise enfin ce qu'elle ne réussissait pas à exprimer lorsqu'elle était une jeune fille renfermée. Il y a trente ans. Il y a un siècle.

Choc thermique ? Un euphémisme. Plutôt un choc tout court. Pas facile de quitter les couleurs, les parfums, les criques dont elle explore les fonds avec l'école de plongée. Au jeu de « quand je serai grande », océanographe a été le premier métier sur sa liste, bien avant marchande ou professeur.

Il a bien fallu, pourtant, troquer la lumière pour le froid, la pluie fine, les ciels éteints. Tout ce gris. C'est comme passer d'une carte postale de vacances à un cliché en noir et blanc. Dans ses vêtements trop minces, elle grelotte, abasourdie par les mines tristes et les visages fermés. La chaleur n'est pas seulement une question de climat.

Shama a livré bataille auprès des parents. Loumia doit la rejoindre, absolument, elle y tient. La petite est encore un peu jeune, treize ans à peine, mais ils ont fini par dire oui. Shama sait y faire. Quand elle a voulu poursuivre ses études à Paris, elle a obtenu gain de cause. Elle n'a pas eu à se bagarrer longtemps. Au début des années soixante-dix, les familles de la bourgeoisie francophone, indienne et malgache, envoient leurs enfants étudier en France. La situation politique est instable, à Madagascar, on n'est plus sûr de rien.

Tout a commencé en mai 1972, par des manifestations menées après des mois de contestation dans les universités et les lycées. Depuis l'indépendance, les motifs de mécontentement sont nombreux. Il a suffi d'une étincelle. La riposte du pouvoir est brutale : des centaines de blessés, une vingtaine de morts. Le pays se met en grève. Le président Philibert Tsiranana, en place depuis 1959, est destitué, remplacé par le général Ramanantsoa, chef des armées. Trois ans plus tard, un coup d'État militaire conduit Didier Ratsiraka, ancien ministre des Affaires étrangères, au pouvoir. Avec cet « Amiral rouge » qui a fait ses études à l'école des officiers de marine de Brest, Madagascar devient une république démocratique, son régime est proche du bloc communiste.

Un des enjeux de la colère étudiante porte sur l'enseignement en français, la langue du colonisateur. Désormais, on fera cours en malgache. Les jeunes francophones s'exilent le temps des études. Certains vont jusqu'au Canada, affrontent la neige, l'hiver sans fin, l'éloignement. Mais l'accueil est plus chaleureux qu'en France.

Shama est allée au consulat français de Tana, où on lui a donné une liste d'établissements scolaires de la région parisienne. Elle a écrit à chacun. Parmi toutes les réponses, celle de sœur Pascale Thérèse, directrice du pensionnat de Saint-Pierre, à Brunoy, dans l'Essonne, a été la plus enthousiaste. Shama a l'habitude des écoles catholiques. À Tana, elle a fréquenté Saint-Joseph, comme toutes les jeunes filles francophones.

En septembre 1972, elle débarque à Paris, accompagnée par son père. Saint-Pierre les séduit tout de suite, le parc est magnifique, les religieuses rivalisent d'amabilité. Et la mère supérieure semble si gentille. Fidou n'en demandait pas plus, il retourne à Tananarive où ses affaires l'attendent. Shama patiente jusqu'à la rentrée scolaire dans un hôtel du IXe arrondissement. Toute seule.

Shama se souvient de sa fierté face à la confiance de son père. Mais tout de même. Laisser une gamine de seize ans à peine, à des milliers de kilomètres de son pays natal, n'est-ce pas de l'inconscience ? C'est que Shama est l'aînée, la sérieuse, Fidou sait qu'il peut compter sur elle.

Les journées sont longues et Shama s'ennuie. Elle explore les grands magasins, découvre la mode, les tendances. Elle s'achète un manteau vert pomme qui inaugure sa nouvelle vie de Parisienne.

L'année de seconde commence mal, Shama déteste tout en bloc. À commencer par l'uniforme bleu marine et les longues chaussettes blanches. Loumia et elle étaient les adolescentes les mieux habillées de Tana, la voilà dans la peau d'une pensionnaire mal fagotée. Le manteau vert pomme reste toute la semaine dans son placard. Elle le porte le week-end lorsqu'elle quitte enfin Saint-Pierre pour rejoindre ses cousins dans un grand appartement loué pour les enfants du clan. Elle est la seule fille. Fidou calme le jeu auprès de la famille qui s'inquiète. Sa Shama n'est pas « comme ça ».

Au pensionnat, les vieux complexes ressortent. Shama se sent comme une « paysanne indienne ». Elle rase les murs, s'assoit au fond de la classe pour ne pas se faire remarquer. Ces bourgeoises assises au premier rang l'écrasent de leur supériorité de Blanches. Elles ne le font sans doute pas exprès. N'empêche. Certains jours, elle voudrait rentrer sous terre. À Tana, elle était populaire, à Saint-Pierre, elle n'a pas d'amies. Les journées interminables font place aux nuits sans sommeil. Et la boule d'angoisse, toujours coincée au fond de sa gorge, l'empêche de respirer tout à fait.

Le temps qui passe adoucit tout. Bientôt, Shama se rapproche de Farinaz, une jeune Iranienne, solitaire et incongrue comme elle parmi toutes ces filles pâles et hautaines. Farinaz vit seule en France depuis l'âge de onze ans. Pour elle aussi, l'exil est pénible. Forte de cette amitié, Shama se sent mieux. Elle étudie avec rage, découvre les grands textes, devient une excellente élève dans les matières littéraires. L'année suivante, elle obtient un dix-neuf à l'écrit du bac de français.

La France s'apprivoise d'abord par la culture, Shama l'a compris d'instinct.

Et Loumia arrive enfin. Shama veillera sur elle, comme si elle était sa mère. Elle ne demande que ça, et puis elle a l'habitude. Fidou a acheté un petit appartement rue de Vaugirard, dans le VIe arrondissement, où ses filles habitent désormais. C'est le nouveau quartier général des cousins. Les plus jeunes, ceux de l'âge de Loumia, sont venus s'y agréger. Du samedi matin au dimanche soir, tout le monde se retrouve. L'ambiance est joyeuse. Les jeunes gens vivent entre eux, ne pensent plus à leurs parents, ni à leurs disputes. « Chez nous, on n'a pas d'amis, la famille nous suffit. » Shama me répète souvent la phrase. Hors du cocon, on se méfie.

Loumia est la première à franchir les lignes, elle mettra longtemps avant de s'y risquer. Il lui faudra attendre les projecteurs de la notoriété qui attirent toutes sortes de gens. Ce qui explique peut-être sa boulimie des autres, comme si elle avait des siècles de retard à rattraper.

Loumia ne ressemble pas à Shama. Ses années de pensionnat chez les sœurs de Notre-Dame-des-Champs, à Boulogne, puis de Notre-Dame-de-Sion, à Paris, s'inscrivent parmi les plus belles de sa vie. C'est une élève moyenne, toujours introvertie, mais brillante quand elle s'en donne la peine. Sa facilité d'apprentissage est prodigieuse. Pourtant les études ne l'intéressent guère. Mais tout le reste, oui. La petite immigrée voit son horizon s'élargir. Elle découvre l'autonomie, l'ouverture. La vie à Paris l'enchante, elle aime tout, la ville, les cafés, les boutiques, le monde, la mode, les femmes élégantes. Par-dessus tout, ce sentiment inouï de liberté. L'été, elle retourne à Madagascar, fait le plein de douceur, de plage, de soleil et de vie insouciante. Elle voyage avec Shama, en Inde, elles visitent Bombay, Calcutta, Bénarès, le Népal.

Sa timidité reste un handicap. S'exprimer en public est une torture. Souvent, elle se réfugie dans sa chambre et joue de la guitare. C'est son meilleur remède contre l'angoisse. La puberté n'arrange rien, ses seins sont trop volumineux à son goût. Elle cache sa féminité sous de grands pulls et des tee-shirts informes, adopte une démarche virile, des gestes brusques, coupe encore ses cheveux. Sous ses grosses lunettes de myope, elle ressemble à un garçon manqué. L'apprentissage de la féminité prend parfois des chemins douloureux.

Mais Loumia peut être si drôle. Son sens de l'humour fait mouche à chaque fois. Ses cousins se tordent de rire, comme à Tana, quand elle imitait sa grand-mère. Elle s'épanouit devant cet auditoire acquis d'avance.

Après le bac, faute de véritable passion, elle s'inscrit en fac d'histoire, assiste aux cours en touriste. Fidou trouve les études superflues, il n'a que le commerce en tête. Dans la vie, il faut être entreprenant, répète-t-il depuis toujours. Loumia n'est pas contre. Elle n'est contre rien, du reste, mais l'idée du commerce lui plaît mieux que les autres. Quand elle était petite, elle s'entraînait à vendre ses poupées au bord de la route, jusqu'à ce qu'une nénène vienne la chercher. C'était avant de s'imaginer en plongeuse sous-marine. Le sens des affaires coule dans ses veines, c'est sûr.

Leur mère est plus ambitieuse. Elle rêve pour ses filles d'un autre genre de réussite. Acheter, vendre, ce n'est pas très glorieux. Et pourquoi pas de grandes études, le droit, la médecine ? En tout cas, elles doivent être autonomes. Surtout qu'elles ne dépendent pas de leurs maris. Elle-même file le plus souvent qu'elle le peut à Paris avec Assya, la benjamine, qui suce encore son pouce, toujours accrochée à son sari. Elle passe presque six mois sur douze dans l'appartement de la rue de

Vaugirard, devenu le havre chaleureux où le clan se regroupe.

L'été de ses vingt ans, Loumia part à San Francisco[1], pour se perfectionner en anglais. C'est une petite bonne femme rigolote, mal fringuée, mal coiffée, qui porte sur le monde un regard myope et amusé. Elle est logée pour quelques mois dans une résidence, avec des jeunes de son âge, venus de tous les pays. Elle y rencontre Danielle, une Française, qui a sa chambre sur le même palier. Une amitié se noue, solide, au point que des années plus tard, Danielle est engagée chez Princesse tam.tam.

La bande de Danielle la perçoit comme une timide, presque une solitaire, qui ne se joint pas aux fêtes et préfère rester dans sa chambre, pour téléphoner à sa famille et à Mourad, qu'elle a retrouvé à Paris. Personne n'imagine alors qu'elle deviendra cette fille extravertie, qui s'épanouit dans la lumière, même si, par nature, l'ombre la rassure.

Shama est amoureuse. Elle a bien eu quelques coups de cœur pendant son adolescence, mais ce garçon-là est le bon. Il est beau, intelligent, original. Il ne ressemble pas aux autres. C'est Firoz, le fils de Mamoudhoussen, l'oncle qui allait chasser le crocodile dans les marais avec son neveu Fidou. Un cousin, forcément. Le mariage est affaire trop sérieuse pour laisser le hasard s'en mêler. En Inde, on s'ingénie à assembler les couples pour que leur

1. Entretien avec Danielle Kopriwa, juillet 2012.

union soit harmonieuse : même âge, même milieu, même éducation, même religion, mêmes valeurs. Alors on se choisit dans la communauté, même si les possibilités sont restreintes. « On ne peut quand même pas épouser un *roz roz*, un Français ! » commente Shama.

Firoz est arrivé en France deux ans avant elle pour étudier l'économie. À Tananarive, il est allé au collège Saint-Michel, chez les jésuites. Cette formation, dont il se félicite, lui a appris, dit-il, à penser librement. Il lit Marx, rêve de révolution, échafaude des théories politiques comme tous les jeunes gens de son âge. C'est ce qui fascine tant Shama. Son père lui a transmis son amour de l'Inde. Alors Firoz laisse tomber la fac et prend un aller simple pour Bombay. Ce sera le premier d'une longue série de voyages à travers tout le pays. Bientôt, il en fait un métier, exporte de l'artisanat et des vêtements pour les vendre en France, pile dans la tendance baba cool.

Il me donne rendez-vous un après-midi pluvieux de juin, au siège de son entreprise de lingerie, en banlieue parisienne. Firoz a longtemps travaillé en association avec Princesse tam.tam. À présent, il fabrique pour la grande distribution.

Les soutiens-gorge et les petites culottes de la dernière collection sont accrochés un peu partout dans la pièce. Firoz s'assied en face de moi. Regard vert, paupières lourdes, j'entrevois l'homme qui a séduit Shama. Il me demande ce que je veux, ce que je cherche, et comme à chaque fois, j'explique posément le pourquoi de ma quête. Shama, ses fils m'ont recommandée, alors il peut me parler.

Après la mort de Loumia et Mourad, il est allé à Bombay avec Michaël, son fils aîné, pour régler leurs affaires. Il hausse les épaules. Son Inde à lui, la vraie, n'a rien à voir avec celle qu'ils sont allés chercher. Pour l'avoir parcourue tant de fois, il aime la frugalité, la simplicité, la tradition, réprouve le « *Shining Bombay* », ses bobos, son clinquant. Les deux conceptions s'opposent.

Firoz est lancé. Il jongle avec les concepts, les philosophes, revendique ses racines, indiennes et grecques, évoque Platon et Aristote, embraye sur Freud et Kant, me cite le dernier livre d'Aldo Naouri sur la toute-puissance des mères. « Nos familles indo-musulmanes sont un monde de femmes à l'intérieur du patriarcat », me dit-il. Il se lève et fouille dans ses dossiers, en extirpe une photo de sa grand-mère, Jutibay, l'épouse de Hirjee, l'arrière-grand-mère de Shama et Loumia. Une forte femme, dure à la tâche.

Le visage de Jutibay, encadré d'un simple foulard, semble sorti du fond des temps. Sa peau est sombre, striée de rides, stigmates d'une vie difficile. Son œil gauche est à moitié fermé. L'autre, couleur de nuit, vous fixe sans aménité, comme un faucon observant sa proie.

Shama et Firoz se marient en 1979. La communauté khoja de Bagneux, près de cinq cents personnes, est invitée au grand complet à l'hôtel Nikko. Firoz parade en grande tenue, *sherwani*[1] bleu marine, pantalon de soie mauve, un collier en or autour du cou. Le sari de Shama, blanc et or, provient, comme tout son trousseau, des meilleurs couturiers de Bombay. C'est, pour elle, le seul bon souvenir d'une fête, qui est

1. Longue tunique qui descend jusqu'aux genoux et se boutonne jusqu'au cou.

d'abord celle voulue par ses parents. Une autre soirée, plus intime cette fois, a lieu quelques jours plus tard au pavillon Dauphine. Le traiteur est indien. Religion oblige, on ne sert pas d'alcool.

Shama est partagée. Elle lit toujours beaucoup, aime ses études de psychologie, adhère aux grandes idées de l'époque, le marxisme, le féminisme. Mais les traditions l'attirent. Être une bonne épouse, une bru obéissante. Préférer l'ordre à la contestation, la voie tracée à la rébellion. C'est tellement plus reposant. Loumia n'est pas d'accord. Sa sœur tant admirée mérite mieux que d'être une femme au foyer.

Pour sa part, elle s'est fiancée avec Mourad, qu'elle a retrouvé à Paris quand il s'est inscrit à l'Institut supérieur de gestion, après des études brillantes de mathématiques à Grenoble. C'est un jeune homme prometteur, aimable, bien élevé, intelligent, doué d'empathie. Il a aussi un charme fou. Le gendre parfait, en somme.

Mourad est le petit-fils d'Ismaël Amarsy, qui a fondé la branche malgache de la famille à Tuléar. Ses cinq petits-fils ont créé une affaire de pièces détachées automobiles, baptisée comme il se doit « Les Frères Amarsy ». Puis le clan s'est s'installé à Tananarive, dans l'immeuble qu'ils ont fait construire au centre de la ville. En 1975, menacés de nationalisation, les frères Amarsy ont préféré se saborder, plutôt que de traiter avec le nouveau gouvernement socialiste. Pour les générations suivantes, la vie sera plus difficile.

Chez les Amarsy, l'éducation est sacrée. L'oncle de Mourad, le second des cinq frères, était un lettré, surnommé « Master », parce qu'il enseignait le gujarati aux enfants. Il a transmis ses valeurs à sa famille. Bien avant les troubles de 1972, les enfants Amarsy sont partis étudier à Paris, Lille, Aix-en-Provence, Montréal ou Harvard, et en sont revenus bardés de diplômes. Beaucoup ont poursuivi de belles carrières dans de grandes entreprises.

Les Amarsy se targuent d'avoir ouvert la voie « dans tous les domaines pour rompre avec les générations précédentes et Madagascar ». Mais pour beaucoup d'Indiens de la communauté, le vieux réflexe est encore ancré : « on ne travaille pas chez les autres ».

Tout oppose les deux jeunes gens. Mourad est calme, Loumia est impatiente ; Mourad est réservé, Loumia, extravertie ; Mourad est équilibré, l'humeur de Loumia tangue. Mais ils sont si complémentaires, qu'autour d'eux personne ne se demande s'ils ont vécu un grand amour ou si leur mariage a été arrangé. Loumia affirme qu'elle a aimé Mourad tout de suite. Un brin canaille, malgré sa pudeur, elle ajoute qu'elle a fait les premiers pas pour l'embrasser.

Au début des années quatre-vingt, le couple s'installe dans le studio de Loumia, rue Pierre-Guérin, dans le XVIe arrondissement. La famille de Mourad, très religieuse, insiste pour qu'ils se marient d'abord. Fidou fait lui aussi la grimace. Ce n'est pas tant la morale qui le fait hésiter, que la crainte du qu'en-dira-t-on dans la communauté. Zubeida est tout de suite d'accord. Ce sont les mœurs de l'époque, dit-elle, on n'est plus au XIXe siècle. Son mari se laisse convaincre. Et puis Mourad est un garçon bien. Leur fille chérie ne pouvait pas mieux tomber.

Le mariage est célébré en 1986. Selon la tradition, plusieurs cérémonies ont d'abord eu lieu dans l'appartement des parents de Loumia, rue de Vaugirard. Le *mennedi*, le henné, entre femmes ; puis le *mamera*, où la famille de la jeune fille offre des cadeaux à celle du garçon. Une photo a saisi les femmes de la famille, assises sur les marches de l'escalier intérieur, dans un tourbillon de saris colorés. On dirait des papillons joyeux, aux ailes prêtes à s'ouvrir sur le monde.

Comme pour Shama, la réception est donnée au pavillon Dauphine. Toute la famille est d'une rare élégance. Loumia porte un sari blanc, simple et raffiné, qui met en valeur sa féminité. Ses cheveux bruns sont relevés en chignon, ses bijoux sont discrets, un rang de perles autour du cou, des boucles d'oreilles. Elle assume enfin sa beauté.

Cette photo figure, avec d'autres, dans les albums de Saint-Rémy, ceux que Shama a ouverts pour moi. Partout, Loumia et Mourad rayonnent, ils semblent si jeunes, si confiants. Le bonheur leur tend les bras.

9

L'art délicat de la corseterie

Shama, 1983. Mariée et mère d'un petit garçon, Michaël, né deux ans après son mariage, elle vient d'obtenir sa licence de psychologie à la Sorbonne. Elle ne songe pas à en faire un métier. Du moins pour le moment. Enfermée dans un cadre conjugal auquel pourtant elle aspirait, elle s'ennuie. Et Shama ne supporte pas de s'ennuyer, c'est un trait majeur de son caractère. Elle a postulé dans un laboratoire de parfums. Sa candidature n'a pas été retenue.

Son père, qui la presse de gagner sa vie, veut bien lui donner un coup de pouce. Il lui prête cent cinquante mille francs[1] pour démarrer un projet. Shama trouve un minuscule local vide rue Bréa, à quelques mètres de l'appartement de ses parents, et crée un magasin de cadeaux baptisé *Goduche*, parce que les sonorités du mot lui plaisent. Loumia, qui poursuit mollement ses études d'histoire, est bien sûr de la partie.

1. Environ 22 000 euros.

En ce début des années quatre-vingt, de nouvelles marques se disputent le marché de la lingerie masculine. Les hommes échangent leurs slips de coton blanc démodés contre des caleçons à motifs, éléphants roses, cœurs rouges, palmiers stylisés. Les deux jeunes femmes en achètent un petit stock. Dans la boutique, ils voisinent avec les objets importés d'Inde par Firoz. Les étudiantes du quartier découvrent ces modèles rigolos qui sortent de l'ordinaire. Elles reviennent avec leurs copines. En quelques mois, grâce aux caleçons, *Goduche* est lancée.

Et Shama piaffe à nouveau. Vendre ne la valorise pas. Ce qu'elle veut, c'est créer. Le succès d'Agnès b. la fascine. Loumia n'est pas aussi ambitieuse. Jour après jour, au contact des clientes, elle a pris de l'assurance. Elle aime bien ce nouveau métier. Mais elle suivra Shama. Comme toujours.

Chez *Goduche*, les clientes demandent des petites tailles de caleçons. Ce qui ne laisse pas d'intriguer Shama. Un trente-six ne correspond pas aux mensurations d'un garçon de vingt ans, à qui le cadeau est destiné. Elle les questionne. Toutes ont la même réponse : elles achètent les caleçons pour elles, pas pour leurs petits amis.

Comment les portent-elles ? Pas sous leurs jupes quand même ? Mais non, répondent-elles en riant. Un caleçon de garçon remplace un pyjama, la nuit, ou un short, à la plage. Ce qui leur plaît, c'est la nouveauté du dessous porté dessus et puis les impressions ludiques. Le petit plus, c'est aussi de piquer aux garçons ce qui les rendra encore plus filles, comme une ample chemise blanche ou un pull en cachemire trop grand.

Qui a lancé l'idée la première ? Sans doute les deux à la fois. Quand l'une commence une phrase, l'autre la termine. Elles se comprennent au quart de mot. Et même parfois sans rien dire. « Deux sœurs, c'est comme un couple, ça cohabite », dit Loumia.

À l'époque, les dessous sont soit tristes à mourir, soit exagérément sexy. Entre la couleur chair, qui fait mémère, et les frous-frous, qui font vulgaire, rien. Ou presque. Tout est à inventer. Elles rêvent : on devrait faire de la lingerie de filles avec les tissus des caleçons de garçons. Des soutiens-gorge, des culottes, à la fois drôles et pudiques, comme elles. Elles ont en tête les couleurs de leur île, la légèreté, la fraîcheur, l'humour des jeunes femmes de leur génération. Ne pas surjouer la féminité, mais rester quand même féminines.

Suffit-il de dire « on le fait » ? Elles ignorent tout du métier. « Si elles avaient su à quoi elles s'attaquaient, jamais elles n'auraient commencé[1]. » Avec le recul, Shama pense la même chose. Elles ont créé cette entreprise sur une « envie forte », comme « celle de faire un enfant ». Encore une jolie phrase de Loumia pour les médias. L'envie, l'intuition, l'instinct. Des mots inhabituels dans une profession qui compte des siècles de savoir-faire. La corseterie est une chasse gardée, avec des règles très strictes. Il va leur falloir en tenir compte. Et en même temps les oublier. Aux ingénues, les mains pleines.

---

1. Entretien avec Catherine Ormen, historienne de la mode.

Les deux sœurs achètent des livres, vont en bibliothèque, étudient, comparent. L'histoire de la lingerie remonte à l'Antiquité. Au cours des siècles, elle a évolué au rythme des tendances et des normes, des diktats imposés par la mode, la séduction, la morale, la religion, et même la médecine. Un simple soutien-gorge renseigne mieux qu'un traité historique sur la place des femmes dans la société.

Elles s'amusent d'apprendre que, dans l'Antiquité, les femmes allaient presque nues sous leurs tuniques. Les Grecs, qui préféraient les silhouettes d'éphèbes, ont inventé le *mastotedon*, qui comprime les seins et empêche leur développement ; les Romains ont créé son équivalent, le *fascia.* Au Moyen Âge, les poitrines sont maintenues avec souplesse par des *gorgerettes* de lin. C'est l'époque des nourrices charnues et dépoitraillées.

À la Renaissance, un instrument de torture apparaît : le corset. Aucune coquette ne sortirait sans être lacée, sanglée, étouffée. Pendant quelques siècles, il prospère, pourtant tout mouvement naturel tient d'un effort surhumain. C'est sans doute que le sexe faible n'a pas vocation à bouger. Mais les médecins et les prêtres le réprouvent, les uns pour ses conséquences sur la santé, les autres au nom de la morale.

La première corseterie est créée au début du XIXe siècle[1], à Paris. Cent ans plus tard, on en dénombre une centaine, dont la moitié dans la capitale. Les jeunes

1. Catherine Ormen.

filles abandonnent la confection de leurs trousseaux pour la lingerie en prêt-à-porter. En 1889, c'est à une Française, Herminie Cadolle, que revient l'invention du soutien-gorge. Cinq ans plus tard, le mot apparaît pour la première fois dans le dictionnaire. Mais il faudra attendre un peu pour l'abandon du corset. Paul Poiret le bannit, Gabrielle Chanel l'enterre.

La Première Guerre mondiale conforte l'aspiration à la liberté du corps. Puis, dans les années trente, c'est le retour de balancier, c'en est fini de la garçonne. La poitrine redevient opulente, tandis que la gaine affine la silhouette. Les grandes marques de lingerie apparaissent, Valisère, Barbara, Lejaby, Simone Pérèle. Les Américains créent Playtex. Une nouvelle industrie est lancée.

À la fin des années soixante, quand Shama et Loumia sont encore les petites filles de Tana, la libération des femmes palpite dans l'air du temps. En septembre 1968, un journaliste écrit que des féministes américaines ont brûlé leurs soutiens-gorge à Atlantic City. La vérité est tout autre. Pour protester contre l'élection de Miss America, elles avaient l'intention d'allumer un feu. L'autorisation ayant été refusée, elles se sont contentées de jeter à la poubelle ces symboles de l'oppression. Mais la rumeur du bûcher s'est propagée, amplifiée. Forcément, ce sont des sorcières.

Comme toujours, la mode récupère. Les jeunes femmes sont désormais nues sous leurs pulls. Pour contrer un phénomène qui les ruine, les fabricants de lingerie imaginent des modèles invisibles, confortables et ennuyeux. À la fin de la décennie, la séduction réapparaît. Chantal Thomass, militante résolue du sex-appeal, relace et sangle à nouveau.

Et puis surgissent Princesse tam.tam et ses deux créatrices, deux ovnis dans le paysage. Elles ont l'air de venir « de nulle part[1] ». L'air seulement. Car leur force, c'est leur lignée. Jutibay, l'ancêtre au regard foudroyant, Korsambay, la Mère Courage, et sa machine à coudre, Zubeida et ses saris chatoyants. Et toutes ces tantes, cousines, nénènes, amies, ce gynécée qui les a faites en les enveloppant d'un cocon protecteur, tissé de paroles douces, de rires étouffés, de secrets chuchotés dans un bruissement de coton et de soie.

Tous ces fils aériens, solides, qui les relient les unes aux autres, depuis des générations.

Au début du XXIe siècle, les enjeux politiques et religieux se télescopent autour du corps féminin. Les Femen manifestent poitrine nue, les Shebabs fouettent les femmes qui portent des soutiens-gorge, tabous dans l'islam intégriste. On les tolère seulement pour les remplir d'explosifs. Quelles fables a-t-on racontées aux nouvelles terroristes pour les convaincre ? Celle d'un paradis mérité, où soixante-dix guerriers imberbes accueillent avec lascivité ces martyres aux torses désormais béants ?

Ni Shama ni Loumia n'avaient anticipé ce tournant douloureux de l'Histoire.

---

1. Catherine Ormen.

10

« Hiridjee et Filles »

Trois ans et vingt minutes. Le temps requis pour la fabrication d'un soutien-gorge. Trois ans de formation, vingt minutes d'exécution.

Le plus simple exige l'emploi d'une quinzaine de fibres, synthétiques ou naturelles. Le plus sophistiqué réclame l'ajout d'armatures, de bretelles, d'agrafes, de dentelles, de tulle, de gros-grain, de broderies, d'ornements. Tout se joue au millimètre. Un bon soutien-gorge doit assurer le maintien tout en restant confortable. C'est une science exacte qui ne tolère aucun à-peu-près. Shama et Loumia vont l'apprendre sur le tas.

Au pensionnat, Loumia s'est fait une amie, une Française dont la sœur, Valérie[1], est styliste en lingerie. Elles l'appellent, la voient, lui parlent. Est-ce la force de persuasion de Loumia ? La calme certitude de Shama ? Ou l'intuition que l'idée est porteuse ? Valérie tient à être de l'aventure. Elle apporte des

1. Valérie Delafosse.

tissus écossais, des imprimés provençaux, des pois, des rayures, du satin de toutes les couleurs. Les filles sont enthousiasmées. Oui, c'est bien ce qu'elles veulent : de la fantaisie, de la couleur, de l'anticonformisme. Valérie devient leur professeur. Elle leur enseigne les rudiments du métier en cours du soir accélérés.

Avant de dessiner les modèles, il faut d'abord choisir les matières. Une styliste utilise des *mood boards*, des tableaux de travail, qui permettent de réaliser collages et assemblages. C'est ainsi qu'on raconte une histoire, qu'on précise le ton et l'humeur de la future collection.

Vient ensuite la modéliste. Elle passe du dessin original au plan, puis au tracé des formes sur le tissu. Elle s'appuie sur une forme existante, mais elle peut aussi créer sans. Les morceaux coupés sont assemblés en trois dimensions. La taille du soutien-gorge s'exprime par un chiffre et une lettre. Le chiffre, de 80 à 100, indique la longueur de la bande du soutien-gorge et correspond à la taille du buste sous les seins. La lettre, de A à F, indique la profondeur des bonnets sur lesquels on ajuste la broderie ou le dessin.

Les essayages se font parfois sur des mannequins, mais les modélistes préfèrent les femmes « normales », afin que chaque modèle puisse s'adapter au plus grand nombre. L'objectif recherché est le « bien aller ». Si on retourne un soutien-gorge sur une table et que le bonnet s'affaisse, tout est à recommencer. On doit aussi éliminer ce qui gratte, ce qui gêne, ce qui est rugueux, ce qui peut blesser ou provoquer des allergies.

Tout cela semble bien compliqué. Mais les sœurs Hiridjee ont confiance. Leur idée va marcher. Il leur faut juste du temps, de la patience. Et surtout de l'argent. Du temps pour apprendre et pour comprendre, de la patience pour maîtriser tous les maillons de la chaîne, les fournisseurs, les commandes, la fabrication, les stocks, la commercialisation, les ventes, la comptabilité, le personnel. Et puis de l'argent. Le nerf de la guerre.

Le banquier leur demande des garanties, un business plan, des trucs financiers auxquels elles ne comprennent rien. Elles sourient, font semblant d'assurer. Tête navrée du grand argentier. Elles sortent de son bureau très démoralisées. Il y a pire : autour d'elles, personne ne croit au projet. Même Danielle, l'amie de San Francisco, qui vient de rentrer en France, est sceptique. Elle pense que Loumia ne va jamais y arriver. Elle la voit toujours comme la petite rigolote, un peu tête en l'air, qu'elle a connue là-bas. C'est exact. Mais plus pour très longtemps.

Reste leur père. Shama l'appelle à Tananarive, en tremblant un peu, comme toujours. Elle redoute sa réaction. Elle lui explique leur projet avec des termes précis, posés. Loumia se tient à ses côtés. Elle l'encourage du regard, lui fait des signes muets. Shama tremble moins, puis respire. Puis sourit. Et Loumia comprend. Elle sourit aussi.

Fidou a dit oui. Tout de suite. Sans même hésiter. Il y croit à leur projet foutraque. Il accepte de leur prêter un million et quatre cent mille francs. Une fortune, quand on y pense. Mais voilà, Fidou n'a pas eu de garçon. Après lui, il n'y aura pas de « Hiridjee et Fils ». Pas d'entrepreneurs malins et courageux pour prendre le relais de ce qu'il a créé.

Fidou Hiridjee est un homme très intelligent. Il va composer avec son temps. Il connaît les défauts et surtout les qualités de ses filles. Elles lui ont prouvé qu'elles savaient se débrouiller seules. Il sait aussi que bon sang ne saurait mentir, comme dit ce proverbe français qui doit aussi exister en gujarati. « Hiridjee et Filles ». Pourquoi pas, au fond ?

Et pourtant. C'est osé. Culotté, même, si l'on peut dire. Quand on est un père musulman, encourager ses filles à se lancer dans la lingerie, ce n'est pas évident. Les soutenir financièrement encore moins. Dans une famille si pudique par culture et par tradition, plus encore que par religion, on n'a jamais vu de pères et de filles parler ensemble de soutiens-gorge et de strings. C'est incongru. Presque inconvenant.

Shama a tout de suite conscience de cette transgression. « Jusqu'à l'âge de vingt ans, notre père n'avait rien à nous dire, car nous étions des filles. Il ne savait pas comment faire. Et nous, il nous faisait un peu peur. »

Si elles n'avaient pas fondé Princesse tam.tam, sans doute le dialogue n'aurait-il pas eu lieu. « C'était peut-être le seul moyen pour lui de communiquer avec nous. Et pour nous, de lui affirmer, malgré la charge qu'il nous mettait sur le dos, que nous étions des femmes. Et pas les garçons qu'il aurait voulus. » Shama sourit. « Quand j'échafaudais mes théories,

Loumia s'énervait : "Arrête de nous soûler avec ta psy !" »

Pendant quelques secondes, Loumia est là, entre nous, avec sa voix rauque, son parler franc, que Shama imite à la perfection. C'est comme si elle écoutait nos paroles et n'attendait que ce moment pour rire avec nous.

À sa manière plus directe, Loumia m'avait résumé en quelques mots l'influence de son père : « S'il ne nous avait pas autant mis la pression, on n'en serait pas là ! »

Fidou a sans doute une revanche à prendre. Dès que la presse commence à parler de Princesse tam. tam, il découpe les articles, les apporte au Country Club de Tana et les montre autour de lui, vibrant de fierté. Même dans ses rêves les plus fous, jamais il n'aurait pu imaginer une telle ascension.

Asgar, le cousin de leur mère, l'avait souligné. Parmi les Indiens de Madagascar, beaucoup ont connu de vrais succès d'entrepreneurs, et certains ont amassé des fortunes. Mais la vraie réussite est celle de ses jeunes parentes. Car la capitale reste un graal. Qui fait briller les yeux de toute cette communauté amoureuse de la France. Pourtant, elles ne sont pas en quête de promotion sociale. Ni même de la renommée qu'elles vont obtenir. Si elles cherchent quelque chose, c'est sans doute leur place dans le monde. Et leur monde, c'est d'abord Paris.

Après des journées de brainstorming, la marque n'a toujours pas de nom. Les filles ont passé en revue des centaines d'options. Une petite agence de communication sollicitée pour réfléchir avec elles sort Princesse tam.tam de son chapeau. C'est brillant. Original. Évident. *Princesse tam.tam* est le titre d'un film, tourné en 1935 par Edmond T. Gréville, où Joséphine Baker, alors coqueluche du Tout-Paris, apparaît en sous-vêtements. Elle joue Aouïna, une jeune Tunisienne, qui débarque dans la capitale. Par son mariage avec un aristocrate qui la présente comme une princesse indienne, Aouïna gravit les échelons de la bonne société. Le scénario est bourré de références et de second degré. Shama et Loumia l'ont tout de suite compris.

Ce nom est un concentré de ce qu'elles sont et de ce qu'elles aspirent à devenir. Princesse tam.tam contient tout à la fois : l'Inde, l'Afrique, le métissage, l'exotisme, l'exil, l'identité, le décalage, l'ambition, la réussite, l'humour, la musique, la danse, le cinéma, la beauté. Et la féminité juvénile, entre conte de fées et bande dessinée.

Le studio de Loumia, rue Pierre-Guérin, a été transformé en atelier. La salle de bains tient lieu d'entrepôt. Une petite machine à coudre sur une table, le poster d'un mannequin en vogue sur un mur, annoncent la couleur. Ici, on bosse. Les deux sœurs embauchent une mécanicienne qui assemble les modèles que la styliste a dessinés. Une dizaine de prototypes plus tard, elles louent un stand microscopique au Salon du prêt-à-porter, dans le département des Jeunes Créateurs.

Leur première collection n'a rien à voir avec ce qui existe sur le marché. Leur enseigne amuse les journalistes, les petites culottes en tartan rouge et vert attirent les acheteurs. Le Printemps, Victoire, Harrods à Londres disent banco. D'autres suivent, au point qu'à la fin du salon elles ont engrangé pour quatre-vingt mille francs de commandes. *Elle* publie sur deux pages un shorty blanc et sa brassière, surpiqués de bleu ciel. C'est la consécration.

Sans le savoir, Shama et Loumia ont créé une lingerie qui casse tous les codes établis. Confortable mais pas conformiste, séduisante mais pas séductrice, féminine mais pas provocatrice, avec des prix accessibles. Princesse tam.tam apporte un je-ne-sais-quoi d'impertinence, un presque rien de légèreté dans les constructions et les matières. Et beaucoup d'espièglerie.

Au Salon, elles ont pourtant eu quelques déconvenues. Certains créateurs, et non des moindres, bien français, bien blancs, bien légitimes, se sont demandé sans baisser la voix ce que faisaient dans leur pré carré ces deux filles un peu trop bronzées, un peu trop typées, qui ne sont même pas stylistes. On les a regardées de haut, avec un soupçon de mépris, un chouia de morgue, sans même les prendre au sérieux. C'est un tort. Les commandes et la presse ont prouvé qu'elles avaient du talent.

N'empêche, c'est toujours ce fichu décalage qui complexe tant Shama, cette sensation de ne pas être légitime. Les princesses ravalent leur fierté. Elles occupent le terrain, c'est l'essentiel.

Pour calculer le prix de revient d'un soutien-gorge, il y a des règles simples. Prendre le nombre de centimètres de tissu requis, le multiplier par le coût horaire de la fabrication. Les chiffres sont imparables.

Munie des bons de commande, Shama parcourt la France dans tous les sens au volant de sa petite voiture pour dénicher un fabricant. Le premier commence par la décourager. Puis il lui annonce cent francs de façon pour un seul exemplaire. C'est impossible. Elles ne peuvent pas dépasser soixante-quinze francs, si elles veulent que les modèles restent abordables. Après une négociation serrée, un fabricant sarthois accepte de fabriquer de petites quantités au prix de séries industrielles : trois mille pièces pour trente francs l'unité. Mais les usines de textiles ne vendent pas leurs tissus à moins de cent mètres de commande. Or pour tailler un soutien-gorge, il faut seulement quinze centimètres. Et à peine vingt, pour une culotte.

Quelques collections plus tard, le surplus de tissus accumulés les conduira à créer une ligne homewear, avec des pyjamas et des vêtements de nuit. Tout se recycle, rien ne se perd, selon la tradition indienne.

Pour le moment, d'autres questions les empêchent de dormir. Comment payer au comptant puisque personne ne leur fait assez confiance pour leur accorder un crédit ? Comment livrer à temps ? Et surtout, comment écouler leurs stocks ?

Fortes de leur succès au Salon, elles ont fait beaucoup fabriquer. La réalité les a contraintes à revoir leurs prévisions à la baisse. Leur gestion maladroite les a mises dans le rouge, alors qu'elles ne se sont toujours pas payées. Pourtant, elles s'étaient appliquées comme deux bonnes petites écolières. Mais elles ignorent encore tout des règles du commerce. Elles doivent se rendre à l'évidence : entreprendre ne s'improvise pas. Il leur faut passer du stade de bricoleuses sympathiques à celui de professionnelles rigoureuses. Sinon, c'est l'échec assuré.

Mourad Amarsy termine ses études de gestion et cherche justement un stage. Pourquoi pas chez Princesse tam.tam ? Il remet de l'ordre dans les finances. Sauvées ? Pas tout à fait. La première collection n'est pas encore au point. Certains modèles ne vont pas aux clientes, ils sont trop ajustés, trop peu confortables.

Shama et Loumia ont privilégié la mode, son rythme et ses tendances. Elles ignorent qu'un soutien-gorge n'a rien à voir avec un vêtement de prêt-à-porter. Leur amour du style est passé avant la rigueur technique. Certes, leur lingerie plaît, mais si elle est importable, elle va leur rester sur les bras. C'est ce qui se produit. L'idée de décevoir leur père les affole. Loumia est la plus angoissée des deux. À vingt-trois ans, elle supporte mal la pression quotidienne qu'exige une affaire balbutiante. Mourad et Shama tentent en vain de la rassurer. Mais la jeune femme s'épuise le jour à force de ruminer leur échec et ne dort plus du tout. Elle finit par s'écrouler tandis que ses deux partenaires mettent les bouchées doubles pour la remplacer.

Le verdict tombe. C'est une dépression. Le médecin prescrit du repos. Loumia en restera marquée. Sa gaieté, ses facéties, son humour masquent une anxiété véritable. Derrière la façade enjouée se cache toujours une personne sensible, peu assurée. Des années de psychanalyse ne la guériront pas de sa fragilité. Même au plus fort d'un fou rire, au milieu d'une phrase mordante, cette petite Loumia « qu'on a souvent envie de prendre dans ses bras pour la rassurer[1] » n'est jamais bien loin.

Les filles n'osent pas décrocher leur téléphone. Mourad appelle Fidou pour lui demander d'investir encore. Celui-ci se montre d'abord réticent. Mais en homme d'affaires avisé, il réfléchit, se dit qu'il serait stupide de les abandonner si près du but. Le produit plaît. Les boutiques qui se sont risquées écoulent les bons stocks. Les journaux féminins parlent tous de ces deux sœurs indiennes qui ont mis la lingerie sens dessus dessous. Il leur suffirait de si peu pour pouvoir décoller. Un million de francs supplémentaires. Fidou le leur verse sans plus tergiverser.

Mais il leur fait la leçon. « Hiridjee et Filles » a une obligation de réussite et deux fois plutôt qu'une. Précisément parce qu'elles sont des filles, et qui plus est, ses filles, elles doivent montrer ce dont elles sont capables. On les attend au tournant.

1. Entretien avec Véronique Morali, fondatrice de Terrafemina.

Et puis, à Madagascar, personne ne dépose le bilan à moins d'y être contraint par une catastrophe naturelle ou une révolution.

11

Un petit chat avec une balle rouge

À la fin des années quatre-vingt, j'ai écrit un essai sur un mode humoristique, au fond plus sérieux que ne laissait entendre son titre, *Le ras-le-bol des superwomen*[1]. Je décrivais mon quotidien de mère au travail. L'évolution des femmes les conduisait à devenir des robots à mille bras comme Shiva, des multi-tâcheronnes de plus en plus performantes, dans tous les domaines de leur vie.

Le constat avait fait tout de suite écho. Ces années-là étaient celles où les femmes osaient se lancer. On s'émerveillait de les voir prendre d'assaut les places fortes du pouvoir, de viser les grandes écoles, on les encourageait dans leurs décisions d'entreprendre. Des prix récompensaient les femmes d'affaires de l'année, les « battantes », comme on les appelait alors.

J'ai toujours en mémoire ces femmes décidées, en tailleurs structurés, un long châle de couleur vive jeté sur l'épaule, qui montaient à toute allure les marches

1. Calmann-Lévy, 1987.

des ministères, s'exprimaient dans les forums économiques ou dans les pages des magazines, grisées par leur nouvelle importance. Elles étaient moins nombreuses qu'aujourd'hui, mais enfin, elles commençaient.

Mon essai est paru en septembre 1987. À la même époque ou presque, je découvre Princesse tam.tam. De son côté, Loumia me lit. Elle me le dit presque tout de suite quand nous déjeunons au Fumoir. Dans ces descriptions d'ambitieuses, elle s'est reconnue, et elle a ri.

Le tournant, c'est là, à ce moment précis de la place des femmes dans la société, que Shama et Loumia vont le prendre.

Pour leur deuxième collection, les deux sœurs cherchent de nouveaux motifs. On leur en propose de différentes sortes, parmi lesquels des dessins imprimés sur des papiers peints anciens. L'un d'eux les attire tout de suite. Il s'agit d'un petit chat gris, farceur et léger, qui court derrière une balle rouge.

Presque en même temps, un ami photographe leur demande de créer des petites culottes pour un reportage commandé par *Photo-Revue* sur les lolitas. Shama et Valérie, la styliste, imaginent alors deux modèles, l'un simple, l'autre volanté, en tissu imprimé chaton. Dès la parution du numéro, les commandes affluent à nouveau. Shama et Loumia ont gagné.

Pourquoi un petit chat qui joue à la balle suscite-t-il un tel engouement ? Certes, la marque cible les jeunes filles qui ont tout de suite aimé le petit chat. Mais leurs grandes sœurs et leurs mères s'emballent aussi. Dans *Working Girl*[1], une comédie américaine qui cartonne alors, Melanie Griffith incarne une secrétaire ambitieuse, prête à tout pour arriver en haut de l'échelle sociale. Le jour, elle porte ce fameux uniforme des femmes actives, tailleur sombre, chemisier en soie, talons hauts. La nuit, elle dort dans une chambre envahie par les peluches, vêtue d'un pyjama de pilou imprimé. Elle incarne à sa façon la dualité féminine, la fillette tapie au cœur de la femme accomplie, celle qui rêvait d'être une princesse quand elle suçait encore son pouce.

Le petit chat doit sans doute toucher la part irréductible d'enfance de ces femmes des années quatre-vingt, qui doivent se battre pour trouver leur place. Les filles Hiridjee l'ont compris d'instinct. Le marketing viendra plus tard.

Rue Bréa, les gadgets et les indianités ont disparu. *Goduche*, qu'elles débaptisent, devient la première boutique Princesse tam.tam. Shama, en pleine période bouddhiste, suggère d'appeler leur société naissante *Le Petit Véhicule*. Les parts sont divisées en trois. Mourad est président-directeur général. Grâce à lui, les bilans sont enfin à l'équilibre. Leur association est un alliage parfait qui joint la rigueur et le calme de Mourad, la sensibilité et la créativité de Shama et l'énergie et la tchatche de Loumia. Ces qualités vont baliser leur parcours.

---

1. Mike Nichols, 1988.

Quand la tension règne, que les décisions sont difficiles à prendre, Mourad s'isole en secret pour prier. Shama rassure sa sœur.

« Mourad est zen, pourquoi tu ne suis pas son exemple ?

— Mourad ? Il s'en fout, il a Mahomet ! »

Faute de moyens, le studio de Loumia et Mourad sert de siège social pendant trois ans encore. Puis l'équipe, toujours réduite, s'installe dans un appartement plus vaste, rue du Faubourg-Poissonnière. Une attachée de presse est engagée ainsi qu'une nouvelle styliste, Isabelle, qui remplace Valérie et comprend au quart de tour les codes implicites. « Ne crée surtout rien de sexy », lui martèlent les deux sœurs. La pudeur est la seule forme de séduction qu'elles connaissent.

Avec le recul, Isabelle se demande encore comment deux jeunes femmes si ingénues, si peu coquettes, si loin de l'esprit des Françaises ont pu réussir dans ce créneau particulier.

Maria, une dessinatrice au grand talent de coloriste, est embauchée pour créer d'autres motifs. Sous son pinceau naissent des cerises, des bouteilles de parfum, des petits éléphants, des poupées Peynet, en hommage à l'enfance des deux sœurs, toujours ce mélange de romantisme et de modernité.

Maria vient de l'univers traditionnel de la lingerie, où règne une certaine austérité. Elle est surprise par l'ambiance de la boîte, bohème, brouillonne, un brin potache. Comme tout le monde, elle aura plusieurs casquettes. Patrons et employés font tout ensemble, remplir les cartons, les livrer, faire les tournées des représentants, démarcher les boutiques de mode. Il n'y a pas de tâche subalterne.

La rue Bréa est le vaisseau amiral. Les filles veulent faire de leur boutique un endroit chic et convivial, où les clientes peuvent fouiller à leur aise. Elles refusent l'atmosphère compassée des boutiques de lingerie classiques où des vendeuses sortent avec cérémonie des parures pliées dans du papier de soie.

Leur attachée de presse leur présente Hervé, un jeune architecte qui a débuté chez Philippe Starck et vient d'ouvrir son agence. Il se prend tout de suite d'amitié pour ces deux filles et ce garçon qui « n'ont pas un rond, bossent au milieu de cartons » et sont « doués d'une pêche incroyable ». Hervé comprend vite. Il crée un comptoir en verre bombé, aménage des portants pour accrocher les modèles, fait poser un parquet de bois clair, agrémenté d'un tapis en verre sablé. Il restera leur complice. Au fil du temps, il va créer presque tous les décors des boutiques et des franchises, moteur de leur irrésistible ascension.

Jean-Marc est propriétaire d'une boutique de mode multimarques à Lyon. Au Salon du prêt-à-porter de 1986, il a eu un coup de cœur pour Princesse tam. tam, pour ses créatrices et pour Mourad. D'une façon ou d'une autre, il tient à être lui aussi de l'aventure. À quelques années près, il a le même âge que le trio. Leur rencontre se passe si bien qu'il ouvre à Lyon un magasin Princesse tam.tam identique à celui de Paris, avec ses propres deniers. Un an plus tard, Mourad et lui en ouvrent un second. Cette fois, ils se sont associés. D'autres vont suivre à Toulouse, à Bordeaux, à Avignon. Dès 1992, Mourad confie l'organisation des franchises à Jean-Marc. Hervé les décore en bleu ciel, ce qui ne s'est encore jamais vu dans une boutique de lingerie féminine.

En 2005, au moment de la vente, la marque compte cent vingt boutiques en France et à l'étranger et des corners importants dans les grands magasins. Mourad n'a fait que reprendre les principes commerciaux de ses ancêtres, qui allient savoir-faire et esprit d'entreprise. Les franchises sont les répliques du réseau marchand indien.

Avec une douzaine de personnes dans l'équipe, les locaux deviennent trop petits. Princesse tam.tam déménage à Malakoff.

Là-bas, comme toujours, la famille a la part belle. Loumia réclame en riant un bureau pour sa mère. Fidou débarque chaque fois qu'il vient à Paris. Assya, la benjamine, fait la jonction avec l'usine de l'île Maurice. La marque fabrique aussi à Madagascar. Nafissa et Nasryne, les jumelles, sœurs cadettes de Mourad, sont embauchées, l'une à la vente, l'autre à la facturation. Saghir, son frère, et sa jeune femme, Zohra, sont appelés tous les week-ends en renfort pour préparer les cartons et livrer la marchandise.

Mais le cœur battant de Princesse tam.tam reste Shama et Loumia, plus fusionnelles que jamais.

Meilleure complice de Loumia, dans la création comme dans les fous rires, Shama n'oublie pas pour autant son rôle de grande sœur. Quand les plaisanteries vont trop loin à son goût, un haussement de sourcils, un coup d'œil sévère rappellent à l'ordre. Et Loumia redevient une petite fille aux ordres de l'aînée.

12

La vie de famille

À Tana, tout le monde habitait ensemble. À Paris, les appartements sont plus petits, mais on se retrouve les uns chez les autres. Au travail comme dans la vie privée, la famille reste le centre, le pivot.

On reste entre soi, sans amis étrangers, sans « têtes blanches ». Et, selon une tradition qui perdure depuis des générations, on élève les enfants des autres. Avant de devenir des parents – Naeem, leur fils aîné, naît en 1996 –, Loumia et Mourad s'occupent de leurs neveux, Michaël et Kevin, les garçons de Firoz et de Shama.

Michaël et Kevin m'ont tout de suite aidée dans mes recherches. Ils m'ont ouvert les portes, raconté leur histoire familiale, permis de décrypter quelques codes. Surtout, ils m'ont raconté « leur » Loumia et « leur » Mourad, qui étaient pour eux plus qu'un oncle et une tante, de véritables parents.

Michaël tient de son père, Firoz, en plus frêle. Mêmes yeux verts, même peau pâle, mêmes traits, au dessin plus fin. Kevin, de six ans son cadet, est brun et mat. Sous ses lunettes d'intello, il ressemble à sa mère. Michaël a fait des études de droit, Kevin a terminé Sciences-po avant de préparer l'ENA. Michaël déteste l'Inde et tout ce qui peut la lui rappeler, Kevin s'épanouit dans ses racines. Tous les deux sont fins, drôles, brillants, cultivés, bosseurs, respectueux. Jamais ils n'oseront me tutoyer.

Après la mort de Loumia et Mourad, ils ont voulu à leur tour créer une marque de lingerie, leur façon à eux de leur rendre hommage. La conjoncture était sans doute mauvaise, ou bien la charge trop lourde. Les petits « Princes tam.tam », comme la presse les avait surnommés, ont fini par renoncer. Michaël prépare le barreau, il veut devenir avocat. Kevin a quitté ses rêves de haute fonction publique sans regret. Il a ouvert deux boutiques où il vend des bijoux indiens et ne compte sûrement pas en rester là.

À la naissance de Michaël, en 1981, Loumia a dix-neuf ans. Elle aime tout de suite ce bébé, le premier des petits-enfants de la famille. Il sera à la fois son fils adoptif et son petit frère. Leur relation restera très forte.

Shama et Firoz s'entendent mal, se disputent. Loumia prend de temps en temps son neveu chez elle pour soulager sa sœur qui termine ses études et sans doute pour alléger les tensions. Bientôt, le pli est pris. Michaël passe de plus en plus souvent les week-ends rue Pierre-Guérin. Il devient presque l'enfant du couple, la semaine avec ses parents, les samedi et dimanche chez son oncle et sa tante.

Pour lui, ce sont des années magiques, avec deux adultes qui ressemblent à de grands ados. Il se souvient avec nostalgie des après-midi au tennis de Forest Hill, où juché sur la chaise de l'arbitre, il les regarde jouer. Quand il a cinq ans, Loumia et Mourad l'emmènent à Disneyworld. Trente ans plus tard, ces vacances aux États-Unis restent un souvenir chéri.

Quand Kevin naît en 1987, il suit naturellement son frère. Avec leurs parents, la vie est plus sérieuse. Chez Mourad et Loumia, on s'amuse beaucoup et on apprend. Mourad est un « super papa », un héros, un mentor, il aide aux devoirs et aux leçons, enseigne le vélo, le tennis, conseille, console, protège.

Loumia est affectueuse, présente et forte en gueule. Elle surveille leurs notes, les houspille au moindre faux pas, mais avant tout, elle joue avec eux, au train électrique, aux cartes, à la bagarre. Elle est drôle, elle rit souvent et son rire est contagieux. Dès que les garçons débarquent, c'est la fête.

Au début des années quatre-vingt-dix, le couple achète, rue Sibuet, dans le XIIe arrondissement, une minuscule maison de deux étages, coincée entre deux grands immeubles, flanquée d'une cabane de tôle qui ressemble à un gros tas de débris. Loumia et Mourad vont y vivre quelques années, puis demandent à leur architecte, désormais attitré, de la réaménager. Hervé transforme la cabane en loft et la relie au reste de la maison. Le résultat est charmant : la cuisine éclairée d'une grande verrière ouvre sur un salon qui donne sur trois petites pièces à l'arrière. La décoration est chaleureuse, colorée, du vert, de l'orange, du jaune, comme à Madagascar. Les garçons ont leur chambre. Souvent leurs cousins les rejoignent, Nina, la fille d'Assya, les neveux de Mourad.

Loumia achète un karaoké, lance ses premières soirées chantantes où la famille est conviée. Son morceau de bravoure est le tube de Sylvie Vartan, *La plus belle pour aller danser*. La vie est simple, gaie, sans ostentation. On mange à la maison, souvent des pâtes et des pizzas. On ne prend pas de taxis inconsidérément, on ne gaspille rien. Les valeurs restent les mêmes qu'à Madagascar, frugalité, modestie, travail.

Pour recevoir la famille, Fidou a fait l'acquisition d'une maison de campagne entre Rambouillet et Dourdan. Les week-ends, tout le monde rapplique, les Hiridjee, les Amarsy, les Barday. On fait tout ensemble, les courses, la cuisine, on part dans les bois pour de grandes balades à pied, à vélo, on joue au tennis, au foot. Comme toujours, l'ambiance est joyeuse. L'été, adultes et enfants investissent, parfois à cinquante, un petit hôtel de Nosy Be, « tout pourri », où le café est si infect que Loumia le prépare elle-même tous les matins dans la cuisine.

Loumia ne peut jamais rester trop longtemps loin de Madagascar. C'est son oxygène. La vie à l'extérieur, la facilité des contacts, la mer, le soleil, les couleurs, tout lui manque… Elle part régulièrement retrouver ses parents à Tana, joue au tennis et au golf au Country Club.

Quand l'argent rentre, les loisirs changent un petit peu. Le couple emmène les enfants à Évian ou à

Eurodisney car Loumia est fan de Mickey. Au début, ils vont dans de petits hôtels, qui deviennent de plus en plus luxueux. Mais pas leur façon de vivre. Loumia s'abonne à la piscine du Ritz. Quand ses neveux l'accompagnent, ils peuvent jouer dans l'eau mais ils n'ont pas le droit de commander une consommation au bar. Trop cher.

Les garçons ne savent rien de Princesse tam.tam, ni de la réussite de leurs parents. Quand Michaël appelle le bureau, il demande à parler à « maman ». Pour lui, l'entreprise est une entité mystérieuse et lointaine.

Quand, en 1997, Loumia lui donne, pour ses copines, des invitations aux premiers soldes privés, il se rend enfin compte du prestige de la marque.

En 1991, Princesse tam.tam devient une SARL. Au mois de novembre, l'équipe, qui comporte à présent vingt salariés, déménage dans de grands entrepôts à Ivry. Mourad investit 4 % de ses bénéfices dans la publicité, pour « renvoyer l'ascenseur » aux journaux qui les ont aidés à démarrer. Les premières campagnes sont en mode espiègle. « *Un jour Princesse, le lendemain tam.tam.* » « *S'épanouit à température du cœur.* » « *Vous êtes en territoire* Princesse tam.tam*, attention, nombre d'ethnologues n'en sont jamais revenus.* » D'autres suivront, toujours impertinentes. C'est la marque de fabrique.

La même année, Shama, Loumia et Mourad reçoivent le Grand Prix de l'Entrepreneur. Leur affaire s'est hissée au quarante-cinquième rang de rentabilité des entreprises françaises.

En six ans à peine, les sœurs Hiridjee ont fait du caleçon d'homme la plus belle conquête de la femme.

13

Grandir

Le livre mêle anecdotes personnelles et conseils pratiques. Il est signé de leurs deux noms, Shama et Loumia Hiridjee. Une amie journaliste les a aidées à l'écrire[1].

Sur la photo de couverture, les sœurs semblent coincées, engoncées dans des pulls de laine qui montent jusqu'en haut du cou. Elles sourient, un peu crispées, comme si tout cela n'était qu'une bonne blague, comme si elles ne se donnaient pas tout à fait le droit d'exister. Dix ans après la création de Princesse tam.tam, Shama et Loumia devraient être les reines de Paris. Elles ont encore l'allure des petites provinciales de Tana.

Cette année 1996, décisive dans leurs deux existences, est tissée de chagrins et de joies. Leur père, qu'elles adulent et craignent à la fois, ce guide, ce bon vivant toujours partant pour des dîners fins et

1. Shama Hiridjee et Loumia Hiridjee (avec Souâd Belhaddad), *Je monte ma boîte*, Éditions First, 1996.

des parties de poker, meurt subitement d'une crise cardiaque. Il a soixante-six ans. Son décès brutal secoue la famille. Après une longue période de deuil, Shama décide de s'éloigner de l'entreprise. Elle y songe depuis longtemps. Sans le dire vraiment, elle regrette le temps des débuts où Loumia et elle, entre deux fous rires, créaient maladroitement leurs premiers soutiens-gorge. Désormais, il y a trop de monde, trop de responsabilités, trop de pression aussi.

Préposée aux collections avec les stylistes, elle reste toujours angoissée par l'obligation de réussir. Elle n'en dort plus. Il faut toujours avoir des idées, même en vacances. Après les soutiens-gorge, les petites culottes et les vêtements de nuit, les maillots de bain ont vu le jour, parce que Shama, qui a passé quelques jours à la Guadeloupe, s'est inspirée de ce qu'elle a observé sur la plage. Le modèle phare est un maillot une pièce uni, éclairé d'une bande blanche sur la poitrine. C'est encore un immense succès.

Quand même. Être une chef d'entreprise lui coûte. Elle déteste licencier, la gestion du personnel n'est décidément pas son truc. Du vivant de son père, elle n'osait pas lâcher. Pourtant, son esprit était déjà ailleurs, vers un avenir qu'elle n'imaginait pas forcément à Ivry.

Enfin, sa vie privée n'est plus la même. Firoz et elle ont divorcé l'année précédente. Tous ces bouleversements l'incitent à reprendre ses études. Un long passage sur le divan a eu raison de ses doutes, elle veut devenir psychanalyste. Désormais, elle partagera son temps entre la Sorbonne et les bureaux d'Ivry qu'elle quitte petit à petit. En 2000, rompant la première avec les habitudes commerçantes du clan, Shama installe son cabinet dans son appartement du XIVe arrondissement. Enfin, elle se sent à sa place.

Naeem, le fils de Loumia et de Mourad, est né cette même année 1996. C'est un bébé magnifique, ardemment désiré. Fragilisée par le deuil, Loumia a du mal à supporter ses pleurs. Mère attentive pour ses neveux, elle est désemparée à l'arrivée de son propre enfant. La responsabilité l'effraye, les contingences matérielles l'ennuient. Mourad, aidé par la nounou qui vient d'être engagée, s'en occupe tout de suite.

Ilana naît en 1999. En grandissant, elle sera le vivant portrait de sa mère, dont elle cultive la ressemblance. Même peau mate, mêmes lunettes rectangulaires, même sourire désarmant et charmeur. Rayane, qui arrive quatre ans après elle, en 2002, ressemble plus à Mourad dont il a les yeux verts et le goût pour la logique.

Dans le couple, les rôles s'inversent, Mourad est le plus maternel des deux. Il ne laisse à personne le soin des leçons et des devoirs, du dîner et des histoires, accompagne les enfants à l'école, assure les rendez-vous chez les médecins, avec les instituteurs, assiste aux conseils de classe, joue au foot, est présent, patient, pédagogue. C'est lui qui apprend à lire et à écrire à Rayane. Il lui arrive de quitter le bureau pour remplacer la nounou malade.

Loumia, tout aussi aimante, reste cependant plus distante dans les soins au quotidien, peut-être comme l'était sa propre mère. Elle s'impatiente vite, s'énerve facilement, mais elle reste la Loumia qui s'amuse, emmène les enfants au cinéma, propose des jeux de société.

Soulagée de la double pression exercée par son père et par Shama, elle se sent désormais plus libre et s'investit dans le travail. Elle s'occupe des campagnes de pub, des photographes, des shootings, de la presse, de la communication, du premier site web, des licences, participe à la création, est présente sur tous les fronts, sauf celui de la gestion. Les chiffres sont le domaine réservé de Mourad qui est bien le seul à trouver « une ressemblance entre les mathématiques et la poésie[1] ».

1996 marque aussi un tournant pour l'entreprise. Elle réalise vingt-deux millions d'euros de chiffre d'affaires, possède un réseau de trente boutiques en franchise.

Mais le métier s'est transformé. De nouvelles marques sont apparues ou ont refait surface. Le sexy revient en force. Wonderbra a été racheté par la marque américaine Sara Lee. Sa campagne publicitaire marque les esprits. Le top-modèle tchèque Eva Herzigova, vêtue d'un soutien-gorge push-up qui rehausse ses seins épanouis, invite les passants à la « regarder dans les yeux ». Aubade a commencé ses leçons coquines de séduction.

La lingerie est redevenue un domaine prometteur. Du prêt-à-porter à la *fast fashion*, tout le monde en

1. Entretiens avec Marion Bablot.

fait, tout le monde veut en faire. Le marché français est le deuxième d'Europe, juste après l'Allemagne. Son budget atteint treize milliards de francs, un cinquième des dépenses de la mode féminine.

Cette explosion, à laquelle Princesse tam.tam a contribué, pourrait bien cependant la mettre en danger. Les modèles sont plagiés, c'est la rançon de la gloire. Mais l'entreprise reste fragile. Sa réussite tient de la magie, des petits miracles quotidiens, dilués dans la bonne humeur ou les coups de gueule. À Ivry, pendant la première période où rien n'est structuré ni cloisonné, tout le monde se mêle de tout.

Shama, Mourad et Loumia appliquent les règles instinctives d'un management appris sur le tas. Ils font confiance, construisent leur affaire pas à pas, dans la joie et le chahut. Ça rigole, ça s'énerve, ça crie, ça se fâche et puis ça se réconcilie. C'est un univers de femmes, le kleenex y joue un rôle actif. Les désaccords sont fréquents. Et pourtant, ça travaille. Dur. Sans rechigner. Mourad a de l'ambition. Il vise plus loin, plus haut, plus grand. Il veut faire d'une petite boîte sympathique et brouillonne une marque qui compte. Princesse tam.tam doit « quitter sa chambre d'ado pour devenir une femme[1] ».

Grandir signifie investir en personnel et en moyens. Structurer. Hiérarchiser. Être conforme aux autres entreprises. Thierry, le directeur financier que Mourad engage en 1998, est abasourdi en arrivant à Ivry. Il a œuvré dans bon nombre d'endroits mais jamais dans

1. Entretiens avec Marion Bablot, cités.

une ambiance aussi décontractée. Il met du temps à s'y habituer, au point que pendant des années, il sera le seul à venir travailler tous les jours en costume-cravate.

La créativité existe toujours mais tout le reste laisse à désirer. L'organisation, voilà ce qui fait défaut. Le personnel s'entasse tant bien que mal dans des bureaux inconfortables et trop petits. Au rez-de-chaussée, les stocks sont empilés dans un entrepôt encombré qui tient du bazar oriental. Des matériaux aux modèles terminés, des étoffes aux agrafes, tout est à la merci de Sam, qui fait marcher ce grand capharnaüm grâce à sa mémoire. Si on veut retrouver un morceau de dentelle ou la référence d'une petite culotte, il faut passer par lui. Son absence paralyse tout le système. La technique a mis longtemps à arriver. Les commandes se font manuellement, les stocks se décident au pifomètre. Jusqu'en 1992, il n'y a qu'un seul ordinateur pour tous. Un chef comptable suffit à assurer la gestion tandis qu'une secrétaire remplit les bulletins de paye à la main.

Cet amateurisme bon enfant complique diablement la tâche. Il y a des problèmes de production, d'achat de matières, des retards de livraison. Mourad et Loumia travaillent à l'ancienne. Jusqu'à présent, la méthode a fonctionné. Mais on n'est plus à Madagascar et la concurrence est rude. Thierry se met au boulot sans tarder.

La cote d'amour pour les produits est encore là, mais la marque vit sur ses acquis. Certaines journalistes de mode, lassées de la profusion de fruits sur les imprimés, l'ont surnommée *Princesse miam.miam.* En réalité, c'est un peu *Princesse ron.ron.* Le chaton gris s'est endormi sur sa balle.

Mourad le prudent gère les stocks avec parcimonie. Cela ne marche pas si mal. À peine la collection est-elle accrochée dans les boutiques que les clientes rappliquent de peur de ne pas trouver leurs tailles. Les modèles leur plaisent toujours malgré les défauts criants. Un seul modèle est vraiment au point, d'ailleurs ses imprimés sont renouvelés chaque saison. Les autres bâillent ou cisaillent les seins. Et les culottes ne sont pas toujours confortables. Pourtant les femmes achètent.

Valérie Buisson, une modéliste professionnelle, est engagée pour redessiner les patrons des soutiens-gorge. Elle repense la série d'armatures pour tous les modèles et toutes les profondeurs, introduit les grandes tailles pour attirer une clientèle plus âgée. Elle a encore en tête les mots de Mourad, au début de leur premier entretien. « Nous avons de la volonté et nous regorgeons d'idées, lui a-t-il dit d'emblée. Mais nous ne sommes que des amateurs. » Toujours cette humilité.

Avant de rencontrer son futur patron, Valérie a demandé à une amie qui a travaillé au style ce qu'elle pensait de l'entreprise. « Loumia et Mourad sont très ouverts et l'ambiance est sympathique, mais je préfère te le dire… C'est le bordel… ! »

Loumia fait à nouveau appel à Valérie Delafosse, la styliste des débuts de l'aventure, et à Marie-Paule, qui vient de chez Chantal Thomass. Le mélange de leurs talents est fructueux. Toutes les deux s'inspirent des tendances, imaginent des mélanges improbables de matières, la micro-fibre et la dentelle, choisissent de nouveaux imprimés, comme ces petites Joséphine Baker dansant sur de la soie colorée, utilisent des couleurs éclatantes pour revisiter les classiques de la marque, lui insufflent de la sensualité et du glamour. Elles dessinent quatre collections par an, comme pour le prêt-à-porter.

Marion, trentenaire vive et douée qui a fait ses classes chez L'Oréal, est engagée comme directrice du marketing et de la communication. Ce job, elle l'a voulu de toutes ses forces, parce que Princesse tam.tam lui plaît. Elle s'enflamme pour l'aventure, y met son énergie et son cœur. Mourad lui demande de redéfinir l'identité de la marque et de créer une nouvelle charte, qui détermine la création, la ligne graphique, les logos, les concepts des boutiques. Tout se codifie, même les polices des mails.

Pour parler de ces années-là, Marion utilise un pluriel vibrant, nostalgique. « Nous étions des trublions, désormais nous allions devenir de vrais corsetiers. »

Sur les photos, le top-modèle porte un modèle en dentelle noire, elle a les jambes un peu écartées. « Maintenant, le jeu peut commencer », dit la campagne publicitaire initiée en 2002. Fini le temps de l'innocence. Princesse a succombé au sexy. C'est tout de même bien « soft », comparé à la vague de porno chic qui déferle.

Jean-Baptiste Mondino, la star des photographes, ne travaille pas pour la lingerie. Quand Loumia le lui propose l'année suivante, séduit par la marque et par sa créatrice, il ne peut pas refuser. Sublimées par lui, les nouvelles collections font carton plein.

Marion se souvient encore du coup de téléphone de Mourad. Dans sa voix perce une excitation qui ne lui ressemble guère. « Marion, c'est incroyable ! Elles reviennent ! » Les clientes sont de retour. Et pas toutes seules. Leurs filles adolescentes les accompagnent. L'achat, si important, du premier soutien-gorge est, depuis les débuts, un des rituels de Princesse tam. tam. La marque est redevenue pionnière.

Loumia poursuit ses collaborations avec les grands photographes de mode, comme Inez Van Lamsweerde et Vihnood Matadin, à qui elle demande « plus de douceur et de tranquillité », ou Bert Stern. À Paris, à New York, à Madagascar, à l'île Maurice, elle supervise les séances de shooting. Elle continuera après la vente de l'entreprise. Elle accorde des interviews dans les magazines, se montre à la télévision, peaufine son image, emploie les mots plaisir, enthousiasme, vitalité, mouvement, pour raconter ce qu'elle fait, ce qu'elle est.

Les journalistes, dont bon nombre sont devenues des amies, ne se lassent pas de la success story du frou-frou, les deux petites Indiennes de Madagascar qui aimaient Joséphine Baker. Loumia pimente les anecdotes de son bagout, de cette façon de manger les mots, de ce petit accent venu d'on ne sait où, de ses éclats de rire. C'est le charme et le charisme incarnés.

Dans le film, *Le diable s'habille en Prada*, une actrice porte le modèle phare de la dernière collection. La costumière a fait son shopping à New York sans passer par le bureau de presse. Le découvrir à l'écran, c'est presque comme décrocher un oscar. Loumia approche Sophie d'Aulan qui dirige une agence de relations publiques et possède un carnet d'adresses bien rempli. Géraldine Nakache, Leila Bekhti, Aissa Maïga, Audrey Tautou, Claire Chazal, Florence Foresti, des femmes « bienveillantes », qui ont « du caractère », deviennent les ambassadrices de la marque. Les parures qu'on leur offre chaque saison créeront le buzz.

Sophie propose aux costumières de cinéma de choisir les modèles qui leur plaisent pour les actrices. Princesse tam.tam est citée au générique d'une soixantaine de films, sans jamais débourser un centime. Ce n'est pas le style de la maison.

Au grand dam des anciens, Princesse tam.tam se recadre, bouge, construit, avance. En 2004, Mourad acquiert un terrain à Wissous pour y construire sept cents mètres carrés d'entrepôt. Thierry, le directeur financier, a réussi à le convaincre. Ce qui n'est pas toujours simple, le boss reste toujours très prudent quand il s'agit d'investissements. Placées aux endroits urbains stratégiques, les boutiques se multiplient en France. Hervé refait la décoration intérieure, en rose pâle et en vert, façon boudoir.

En 2005, Princesse tam.tam a vingt ans. Pour fêter cet anniversaire, Loumia organise un voyage à Nosy Be, avec vingt journalistes. Cette fois, ce n'est plus le petit hôtel « pourri » qui les accueille, mais un joli établissement qui appartient à l'un de ses cousins. Les équipes ont tout prévu, visites, cadeaux, excursions, et multiplié les surprises. À Madagascar, le confort n'est pas toujours au rendez-vous, et ces jeunes femmes blasées, habituées aux cadeaux des annonceurs, doivent s'y faire. En dépit des péripéties, le séjour est un succès. Elles repartent tellement enthousiastes qu'elles seront toutes présentes l'année suivante, quand Loumia organise un dîner en souvenir du voyage.

La campagne de l'anniversaire atteint son but et pas seulement dans les magazines féminins. *L'Express*, *Le Nouvel Entrepreneur*, *Le Nouvel Observateur*, *Entreprendre* s'intéressent à cette réussite économique. Il y a de quoi. Princesse tam.tam affiche alors cinquante-trois millions d'euros de chiffre d'affaires, se targue de plus de cent soixante-six points de vente en France, dont cent cinquante-trois à Paris, de mille cinq cents à l'étranger et de cent vingt boutiques. L'entreprise emploie près de quatre cents personnes, sous-traite en Asie, dans l'océan Indien, au Maroc, en Tunisie, au Portugal.

Au paradis des entrepreneurs, Fidou Hiridjee peut être fier de ses filles.

14

Une aventure humaine

Juste après les attentats de Bombay, la psychologue qui soutient les équipes de Princesse tam.tam constate avec étonnement que tous les employés, sans exception, regrettent avec force leurs patrons. Au cours de mes entretiens, c'est bien la même unanimité qui s'exprime. Les anecdotes divergent, la tonalité reste la même.

« Le jour où ils ont disparu, tous les employés, du directeur général à la standardiste, se sont sentis orphelins », confie Gaël qui a été l'assistant de Mourad pendant dix ans. « Je ne crois pas qu'on idéalise, c'est rare ce qu'on a vécu », témoigne Valérie, la modéliste. « Quand vous avez côtoyé des gens comme eux, c'est très dur de travailler avec d'autres », ajoute en écho Thierry, le directeur financier.

« Nous les aimions tant », signe toute l'équipe en préambule d'un petit film en forme d'hommage, sur le site Terrafemina.

La douleur de la perte a peut-être bonifié leurs souvenirs. Tout comme la nostalgie d'un âge d'or disparu à jamais. Les témoignages attestent cependant quelque chose de plus fort. Princesse tam.tam n'était pas juste une marque de soutiens-gorge, ses équipes pas seulement des salariés attendant leur paye à la fin du mois. Combien de fois ai-je entendu les mots « aventure humaine » ? Et, dans les souvenirs que chacun égrène à sa façon, combien de désarroi et combien d'émotion ? Les gorges se nouent, les récits s'interrompent. Les larmes affleurent.

J'arrête le magnéto, je pose mon stylo. Deux anges passent.

Loumia. L'unique, l'inimitable Loumia. Elle prend de l'étoffe en même temps que la marque prospère. Mais elle reste pour ses employés une patronne en Converse, qui croque des M&M's, fume clope sur clope, puis suce avec la même exagération des pastilles de nicotine quand elle arrête la cigarette.

A des idées en pagaille, ne veut pas voir les CV ni les projets quand elle reçoit un candidat à l'embauche mais lui demande d'abord de lui raconter sa vie. Au feeling, elle sent tout de suite si ça peut coller ou pas. Elle se trompe rarement.

Change tout le temps d'avis. Part dans tous les sens. Rebondit. Sait exactement ce qu'elle ne veut pas, mais n'arrive pas toujours à exprimer ce qu'elle souhaite. À la longue, c'est exaspérant. « Vous pensez quoi ? » est une de ses phrases fétiches. Même quand elle explose dans un de ses coups de gueule qui retombent aussi vite qu'ils sont partis, même quand elle se montre abrupte, autoritaire, excessive, même quand elle aime bien qu'on l'amuse, même quand elle forme une espèce de cour autour d'elle, même quand elle a ses préférences, même quand elle donne des ordres énervants, même quand elle part en vrille, même quand elle pète un câble, Loumia reste Loumia.

Les nouveaux arrivants sont bluffés par cette petite femme affable qui paraît moins que son âge, qui leur demande de la tutoyer, le sourire collé aux lèvres, les baskets sur la table, s'intéresse vraiment à eux, réussit à capter le meilleur de chacun. Gaie, authentique, pétillante, atypique, un poil je-m'en-foutiste.

Et puis non. Pas tant que ça. Sous l'allure décontractée, au fil des années, une pro a émergé. Plus sûre d'elle mais toujours fantaisiste, acharnée de travail, mais soucieuse de sa liberté. Trois secrétaires tiennent son agenda, prennent, sous sa dictée, trois petits déjeuners en même temps parce que Loumia ne sait pas dire non, et sont bien étonnées quand elle décide de tout lâcher pour se rendre à un quatrième. L'ancienne mutique, la craintive presque autiste, a désormais toujours le bon mot pour détendre l'atmosphère, la vanne qui fuse au moment clé, pendant les essayages, les réunions de collections, quand une partie de l'équipe s'entasse dans un bureau minuscule et que la fumée de ses cigarettes les fait tousser.

Elle réussit même à faire s'esclaffer le trop sérieux Mourad, monsieur « zéro humour », un poil psycho-rigide, de l'aveu même des plus proches. Il le sait.

Il ne tente pas de lutter avec sa femme. Il ne prend même pas ombrage lorsqu'elle le rembarre dès qu'il fait mine de se mêler des collections : « Oh mais là, tu vois, on travaille. » Ou encore : « Mourad a aimé ce modèle ? On arrête tout ! »

Mourad. Au milieu du joyeux désordre, c'est lui qui garde le cap. Concentré, maître de lui-même, pas « fun » mais pas non plus rabat-joie. Tous les matins, il arrive à huit heures, commence par un tour des locaux, salue ses employés un par un, s'arrête dans les bureaux pour discuter plus longuement avec certains. Sa porte est ouverte à tous, il sait écouter, déléguer, capter son interlocuteur en quelques secondes, lui donner l'impression qu'il est unique. Contrairement à Loumia, il ne s'énerve jamais. En douze ans, son directeur financier ne l'a vu qu'une seule fois en colère. Il tempère aussi les emportements de sa femme. Au bureau comme dans la vie, Loumia et Mourad ne fonctionnent pas l'un sans l'autre. « The perfect match », dit une de leurs amies.

Ensemble, ils ont bien compris que des employés contents de venir travailler tous les matins sont plus rentables que les autres. « Une entreprise, c'est fait pour générer de l'argent et rendre heureux les gens qui travaillent avec nous », dit Loumia.

Ils s'ingénient donc à leur faciliter la vie de toutes les façons possibles. Quand Ivry s'agrandit, ils aménagent une salle de gym bourrée de machines, car

Loumia a fait du sport une obligation et une addiction. Un coach vient deux fois par semaine donner gratuitement des cours au personnel qui désire s'entraîner. Ils sont généreux sans ostentation, présents sans intrusion, amicaux sans paternalisme. Ils invitent chez eux aux dîners ou aux karaokés que Loumia organise dans le sous-sol de sa maison. Il y a aussi les fêtes au Palacio, au Golf de l'Étoile, au musée des Arts forains, au Show Case, les dîners dans les très bons restaurants, les croisières à Eurodisney. Tout ce qui rassemble, rassure, resserre, cimente une entreprise pas tout à fait comme les autres.

Loumia n'oublie pas le petit personnel, les humbles, les discrets. À son enterrement, un groupe d'Ivoiriennes qui font le ménage dans les bureaux d'Ivry sont en pleurs. Certains matins, la patronne arrivait à la même heure que l'équipe de nettoyage et les questionnait sur leurs enfants, leurs familles, leurs rêves. À force, elle connaissait tout de leur vie.

Princesse tam.tam est composée de femmes et sa politique de gestion humaine va résolument en leur faveur. L'annonce d'une grossesse est accueillie par un sourire, des mots de félicitations de Mourad ; un retour de maternité par une augmentation ou par une promotion. Les réunions ne commencent jamais en fin de journée. Quand une nounou fait faux bond, le congé est une évidence. Les mercredis, les vacances scolaires, il n'est pas rare de voir des enfants jouer dans les couloirs.

Valérie, la modéliste, doit se rendre plusieurs mois par an à l'île Maurice pour surveiller la fabrication des produits. Loumia se propose toujours de garder sa fille, ou offre des billets d'avion pour que la petite puisse rejoindre sa mère au moment des vacances.

L'atmosphère si particulière au milieu de la corseterie ajoute au gynécée. Partout on retrouve des petites culottes, des soutiens-gorge, des bodys, des strings, posés sur les bureaux, les fauteuils, suspendus aux cintres, aux portants. Dans les bureaux, on essaye tout, tout le temps. Minoritaires, les hommes sont tout de suite mis au parfum : ni machisme, ni blagues grasses. Ils doivent être avant tout les partenaires d'une entreprise de femmes, créée par des femmes, pour des femmes.

Dans un entretien à *Libération*[1], quelque temps après la vente, Loumia déclare : « Le féminisme pur et dur non merci, on peut obtenir beaucoup par la sérénité et la douceur. » Elle-même n'est pas toujours douce. Mais elle écoute, comprend et évolue avec l'époque. Ses rencontres, ses voyages lui montrent que ce n'est pas gagné pour les femmes.

Et malgré la renommée, l'argent, les prix, Loumia et Mourad restent humbles comme si rien n'était vraiment arrivé. « Il nous a fallu des années pour comprendre qui nous étions vraiment, ce que nous

1. Sabrina Champenois, « Voir ci-dessous », *Libération*, 3 février 2007.

avions réalisé, commente Shama. Et je ne suis même pas sûre que Loumia, en dépit des apparences, l'ait totalement perçu. »

15

Le tourbillon

À la fin de l'année 2001, Loumia et Mourad quittent la rue Sibuet, pour l'avenue de La Motte-Picquet, dans le très huppé VIIe arrondissement de Paris. Ils ont acquis un ancien garage. À la place du bâtiment original, Hervé construit une maison neuve d'une superficie de quatre cents mètres carrés. Loumia lui demande de la décorer à la façon de l'hôtel Costes, aménagé par Jacques Garcia. Ce n'est pas ce qu'il aime faire, mais il s'exécute, puisque cela plaît à Loumia. La maison donne sur un petit jardin qui a été créé dans la cour. Il y a aussi un gymnase, une salle de cinéma et de karaoké en sous-sol.

Le luxe de La Motte-Picquet surprend nombre de ses proches. La Loumia de toujours serait-elle en train de changer ? L'argent lui aurait-il tourné la tête ? Certains ne la reconnaissent plus. Loumia copine avec des étrangers, les parents d'élèves, les journalistes, certains « people ». Elle butine hors du cercle familial, s'ouvre aux autres. Empile les nouveaux venus, les cloisonne ou les mélange, c'est selon.

Mondaine, Loumia ? Elle aime l'excitation provoquée par les rencontres. Peut-être le succès la grise-t-il, et c'est humain. Se dire qu'« elle en est », qu'elle connaît la terre entière, ou du moins ce qui en tient lieu à Paris. Sa vie ressemble à un tourbillon. Elle reçoit beaucoup, sans toujours discerner qui est qui, peut rencontrer quelqu'un le matin et l'inviter le soir parce que sur le coup, elle l'a trouvé sympathique.

Loumia et Mourad accueillent dans un désordre bon enfant, sans s'embarrasser de protocole. Chez eux, la table est bonne, le champagne et le vin sont abondants. Loumia s'agite, prend le micro, chante, danse, rit, s'amuse. Mourad organise, met les disques, se coupe en quatre pour que sa femme et leurs hôtes se divertissent. Si la famille est sceptique, les amis sont plus indulgents. Loumia traite tout le monde de la même façon, elle parle à un ministre comme à sa cousine et ne comprend pas qu'on ne fasse pas de même. Au début, les gens sont estomaqués. Ensuite, ils en redemandent.

La générosité de Loumia et Mourad n'est pas la moindre de leurs qualités. Ils payent l'addition au restaurant quel que soit le nombre de convives, offrent des cadeaux choisis avec soin, parmi les derniers modèles de la dernière collection ou achetés au cours de leurs voyages.

Ils veillent à n'écraser personne, ni à étaler leur richesse. Mourad conserve la même vieille voiture, se fiche de sa façon de s'habiller. Loumia roule dans un « tas de boue », jonché de jouets d'enfants et de vieux papiers. Elle donne ses rendez-vous au café de l'Esplanade, à côté de chez elle. Elle ne fait jamais de shopping inconsidéré accompagnée de l'amie moins nantie qui la regarderait accumuler des robes hors de prix, avec ce manque de retenue qu'ont souvent les riches.

Elle se rend deux fois par an chez Prada, où elle achète des tenues sobres, elle aime les écharpes de soie, le cachemire, les bijoux anciens, mais au quotidien, elle porte des jeans, des tee-shirts et ses éternelles Converse. Elle se maquille peu, même lors d'occasions solennelles. « Je ne suis pas là pour jouer les Barbie », grogne-t-elle. Il est vrai qu'elle ne se trouve pas jolie, peste contre ses deux ou trois kilos en trop, malgré le sport qu'elle pratique à outrance, été comme hiver. Pour garder la ligne, elle est perpétuellement au régime, boit des litres de Coca Light.

À la plage, elle porte un maillot une pièce, avec un paréo noué autour de la taille ou bien une tunique indienne qu'elle n'ôte jamais. Elle qui magnifie le corps des femmes semble toujours en guerre contre le sien.

Parmi ses amis, son passage a laissé des traces profondes. Elle a beaucoup reçu et donné sans compter. Ils aimaient, je les cite, son charisme, sa différence, l'intelligence qu'elle avait de comprendre les codes, son authenticité, sa façon de s'intéresser aux gens et de les mettre à l'aise tout de suite, son sens du partage, sa présence, sa décontraction, son autonomie, son atypisme, son humour, sa douceur, sa créativité. Et sa gaieté.

« Elle m'a apporté en un temps très bref quelque chose d'unique, que je ne trouve chez personne, que je n'ai pas essayé de reconstruire avec quelqu'un d'autre », explique Véronique Morali. Dans le bureau de Véronique, à Terrafemina, une grande photo de Loumia est accrochée au mur.

Certains préfèrent le calme, la douceur, la pondération, l'humanité de Mourad. D'autres, l'exubérance volcanique de Loumia. Mais tous et toutes sont unanimes et ce chœur, sans presque aucun bémol, est touchant.

Quand elle ne reçoit pas, Loumia sort. Elle a pris cette habitude à la naissance de son fils et elle a continué. Peut-être parce que sa mère faisait de même. Et puis, on l'invite à tant de cocktails, tant de réceptions, tant de vernissages, et elle ne sait pas dire non.

Deux ou trois fois par semaine ont lieu les séances de poker, chez elle ou chez sa mère, une joueuse redoutable comme elle. Après la mort de son père, Loumia a repris le rituel du jeu, souvent jusqu'à cinq heures du matin. À la table, se mélangent des membres de la famille, des cousins, des amis anciens ou nouveaux, que Loumia convie au gré de ses coups de cœur. La cave est à deux cent cinquante euros. Pour rien au monde elle ne raterait ces parties. Il lui arrive de perdre beaucoup. Mourad vient parfois, mais les jeux d'argent ne sont pas son truc.

Tous les dimanches, ont lieu les rituels déjeuners chez Zubeida dont Mourad et elle s'occupent beaucoup. Les enfants y passent le week-end, les repas sont l'occasion de réunir le clan. Le couple en est devenu un pilier et beaucoup en dépendent, financièrement ou affectivement. C'est souvent pesant, mais Loumia ne se plaint ni ne s'épanche pas plus que ça, sauf avec les intimes.

Les vacances sont leur seul luxe affiché. L'hiver ils vont à l'île Maurice, à l'hôtel Paradis, où se pressent les grosses fortunes. Il y a aussi Évian, la Corse, Méribel, New York. Et encore Saint-Tropez, l'été. Les proches ne supportent pas ce nouveau côté « bling ». Ses neveux, surtout. Ce n'est pas la Loumia qu'ils connaissent, celle qui leur interdisait de frimer. Et Shama qui ne sait pas, n'a pas appris, comment se faire des amis hors du clan, et n'en ressent pas le besoin, ne comprend pas toujours pourquoi sa sœur invite des étrangers au lieu de se contenter de la famille. Elle s'inquiète de la voir s'éloigner d'elle.

Loumia reste infatigable, excessive. Son énergie épuise l'entourage. Elle veut que ses enfants sachent tout faire, nager, boxer, jouer au golf, au tennis. Elle est la première au petit déjeuner, sur les courts, au ponton de ski nautique où elle peut enchaîner vingt-huit tours d'affilée. Elle se réfugie ensuite à la salle de sport, soulève des poids, s'escrime sur le tapis roulant pendant que ses amis bronzent.

Encore un paradoxe : si elle aime l'eau, se baigner, nager, elle ne supporte ni la chaleur, ni le sable, ni la plage. Comme son père, jadis, à Tuléar.

Après l'anniversaire de Princesse tam.tam à Nosy Be, elle organise un autre voyage à Madagascar. À Tuléar, elle entraîne tout le monde dans une visite de sa maison d'enfance, qui est restée à l'abandon. Le portail en fer rouillé grince affreusement, les toiles d'araignée et la poussière ont envahi les chambres, des rats morts gisent dans les coins. Les enfants sont étonnés, presque dégoûtés. Mais Loumia revoit son passé, l'immense terrasse, avec la balancelle, où elle jouait pendant la sieste avec Shama, la cour avec les tas d'algues. Elle emmène le groupe à la plage, lui montre les barques des pêcheurs, les filets ravaudés à la main. Ses amis ne comprennent pas. Ils apprécient les paysages mais la misère les rebute. Submergée par l'émotion, Loumia ne remarque rien.

Mais comment fait-elle pour tenir ? C'est la question que chacun se pose. Tous sont ahuris devant cette capacité à se démultiplier. Mère aimante de trois enfants, entrepreneuse, pilier de famille, amie fidèle et disponible qui débarque tout à trac chez ses amies comme si elle n'avait que ça à faire. Son agenda ressemble au grand puzzle qu'est sa vie, elle y colle des photos de tableaux, de paysages, des bouts de tissu, crayonne des dessins, ajoute des citations comme si elle avait quatorze ans. « Aime et le reste suivra », ou encore, « Je ne cherche pas, je trouve ». Elle peut passer des heures au téléphone, le portable vissé en permanence à son oreille, écouter les peines de cœur, en donnant nombre de conseils avisés et très drôles, papoter de la dernière série télévisée à la mode, parler de ses auteurs de prédilection, Richard Brautigan, Stefan Zweig, Jane Austen, des hommes qu'elle admire, le commandant Massoud, George Clooney, de ses films préférés, *Out of Africa*, *Love Story*.

Elle dort peu, pas plus de quatre heures par nuit, ce qui lui permet d'avoir des journées plus remplies que les autres, lit toute la presse, est au courant de tout. Elle attend avec impatience que ses enfants grandissent pour pouvoir discuter avec eux, d'égal à égal. En attendant, Mourad et elle les emmènent en voyage.

Comment fait-elle ? La réponse s'appelle peut-être Mourad, présent pour tout du matin au soir, pour les enfants comme pour l'intendance, mais aussi pour rassurer, protéger, calmer. Il connaît mieux que personne la face sombre, doutant de tout, pétrie d'angoisse, de cette autre Loumia, si fragile.

16

La reconnaissance

Loumia porte un pull mauve en cachemire un peu échancré, assorti à un rouge à lèvres bordeaux, des lunettes rectangulaires à monture d'écaille. Elle lève la tête vers la lumière et elle sourit. Elle est épanouie.

La photo illustre un article publié par le magazine *Entreprendre* en 2004, à l'occasion de la remise du Prix de la diversité décerné par l'Assemblée nationale. Le magazine revient sur « sept fabuleux destins issus de l'immigration » et publie un reportage sur la cérémonie, où trente-huit entrepreneurs français ont été sélectionnés pour l'exemplarité de leur parcours professionnel. Loumia et Mourad en font partie.

« C'est une belle reconnaissance, mais les origines n'ont rien à voir avec le succès », déclare Loumia. Une façon polie de retourner à l'envoyeur cette récompense un peu humiliante. Mais elle l'accepte avec bonne humeur, sans paraître s'en offusquer.

Elle n'est pourtant pas dupe. En février 2007, elle a eu les honneurs de la dernière page de *Libération*.

« La France a été accueillante, dit-elle. Mais c'était une autre époque et je ne viens pas de la banlieue. » La nuance est de taille. La fille de Fidou Hiridjee, entrepreneur aisé de Madagascar, tient à remettre les pendules à l'heure. Tous ces lieux communs l'agacent. Mais c'est comme un morceau de papier collant, en France, on ne peut jamais s'en défaire. Il faut toujours se justifier, convoquer l'identité, la « diversité », la religion, l'origine, pour reconnaître le talent, comme s'il fallait toujours cataloguer, séparer, au lieu de rassembler.

Et puis Princesse tam.tam n'est-elle pas à la fois un exemple de réussite cent pour cent française et un melting-pot à son image ? Depuis le début, Loumia, Shama et Mourad ont pratiqué le mélange. C'est un mode de vie naturel, presque une profession de foi. « Le fait d'être multiculturelle permet de passer en revue les différentes solutions à un problème et de s'y adapter », dit simplement Loumia.

« Notre vrai socle, c'est le désir d'intégration et d'assimilation en France », m'ont tout de suite dit Michaël et Kevin, tous les deux nés à Paris. Ils m'ont parlé de leur rejet de l'islam, partagé par leur famille nucléaire, Loumia, Shama, Zubeida et sa famille, Firoz et son père, Mamodhoussen. Plus pratiquant, Mourad buvait du vin et avait inscrit les enfants dans un établissement catholique. À chacun son curseur.

Et pourtant, l'intégration dans un milieu si codifié, où l'argent n'est pas le seul sésame, n'est pas une affaire aisée. À La Rochefoucauld, Loumia en fait parfois l'expérience. Même si elle éclate de rire quand

Anne Vincent, la directrice, lui rappelle que « si elle était une pauvresse, pas une de ces mères de famille bon genre ne la regarderait ».

Sans doute sensible à l'argument, elle continue cependant à se lier avec certaines d'entre elles, qui l'adorent. Elle débarque à l'école avec des sacs remplis de dessous qu'elle offre à la secrétaire, à l'infirmière, aux professeurs. Les jours de kermesse, son stand est un de ceux qui marchent le mieux. Et pour cause, elle propose les modèles à moitié prix. Certains parents, plutôt coincés, s'offusquent de ce qu'elle puisse vendre des strings dans un établissement catholique. Sa réponse est cinglante : « Je vais venir voilée, ils comprendront peut-être ce qu'est l'intégrisme. »

Certains de ses amis pensent qu'elle se construit une image, qu'elle veut être à la fois plus « blanche que blanche », et ne rien renier de ce qu'elle est, « une fille venue de très loin, qui a attrapé toutes les idées occidentales ». En réalité, Loumia ne veut pas s'attarder sur ce qui la blesse. Le racisme en fait partie. À peine y fait-elle de temps en temps allusion.

Une des seules personnes avec laquelle elle se laisse aller sur ces sujets complexes est Rachida Dati qu'elle rencontre au trophée des Femmes en Or, au début des années 2000. Loumia est séduite par sa façon de s'affranchir des codes, sa légèreté affichée face aux pesanteurs des castes et du pedigree. C'est Dati qui lui ouvre le monde de la politique. En 2007,

Loumia participe au financement de la campagne de Nicolas Sarkozy. Sur le blog du candidat où elle est interrogée, elle explique pourquoi elle soutient le futur président : « Il met la valeur travail au cœur de son programme. J'aime l'énergie positive qu'il dégage. »

Le refus de l'injustice du sort l'anime aussi. Les inégalités la révoltent. Plus elle grimpe les échelons de la reconnaissance sociale, plus elle se découvre un rôle à tenir, et plus elle s'engage. Elle prend très à cœur son rôle de modèle pour les jeunes filles des banlieues, les Blanches, les Noires, les musulmanes.

Discrète, elle trouve des jobs, des stages, se mobilise pour l'obtention de papiers. Elle se lie avec Fadela Amara, devenue ministre de la Ville après avoir fondé Ni Putes ni Soumises. Elle l'invitera à Bombay. Elle marraine les Marianne de la diversité, une association pour qui « la diversité est un cadeau, non un fardeau ». Elle s'implique dans Force Femmes, créée par Véronique Morali en 2006 pour aider les chômeuses de plus de quarante-cinq ans à revenir sur le marché du travail. Elle rencontre chacune d'entre elles et les incite à entreprendre.

Sa générosité sans ostentation s'applique à ses actions humanitaires comme à ses interventions caritatives. Chaque année, elle distribue de la lingerie à diverses associations caritatives comme Arcat-sida, ou l'Unicef. À Madagascar, elle mécène un dispensaire et une ONG qui envoie les enfants à l'école.

Cette Loumia en quête de sens est sans doute plus authentique que l'autre, celle qui manque parfois de se perdre. L'Inde sera peut-être pour elle une façon de se retrouver.

BOMBAY

17

Bombay

Dans l'avion qui m'emmène à Bombay, en décembre 2012, l'idée de faire revivre Loumia me semble soudain irréaliste. Suspendue dans les airs, sans téléphone ni Internet, je ne peux que me raccrocher aux mots, ceux que j'écris dans mes carnets depuis que j'ai commencé ma recherche, ceux que je prononce si souvent dans ma tête. Pendant longtemps, je lui ai parlé tout bas, comme si elle pouvait m'entendre.

J'ai fini par me croire investie d'une mission sacrée, qu'elle aurait sans doute approuvée. Peut-être même serait-elle partie de son grand rire, à me voir la pister ainsi. Elle se serait moquée de mes difficultés. Car forcément, elle se dérobe, elle glisse, elle s'évapore, au moment même où je pense le mieux la saisir.

Un taxi à la clim erratique conduit par un chauffeur barbu, vêtu de blanc, m'emmène de l'aéroport Chhatrapati Shivaji à mon hôtel de Cuffe Parade, au sud de la ville. Le nœud d'angoisse et de peur qui m'obstrue l'estomac forme une boule dure, compacte, presque douloureuse. Je me sens mal à l'aise de venir à Bombay dans ces conditions, sur les traces d'une morte, alors que c'est une vivante qui aurait dû m'accueillir.

Je me demande surtout, comme souvent ces derniers temps, si je vais pouvoir mener à bien ce livre ; si j'ai raison de m'accrocher à ce pays qui m'a repoussée avec tant de violence, quatre ans auparavant ; si l'imprévisible ne va pas se produire. Si je ne dois pas laisser Loumia là où elle se trouve.

Hélène m'avouera avoir eu les mêmes pensées inquiètes. Comme la plupart des habitants de cette ville, les attentats l'ont durablement marquée. Ce n'est pas seulement à cause de Loumia. Tous, ici, ont souffert du même traumatisme. Avec le temps, bien sûr, il s'estompe. En Inde, la lutte pour la survie compte avant tout, le sens de la fatalité l'emporte de loin sur le chagrin. Mais il ne faut pas beaucoup insister pour comprendre que les mauvais souvenirs restent vivaces.

Avant de retrouver Hélène, avec qui j'ai rendez-vous dès le lendemain de mon arrivée, j'ai eu besoin de marcher pour effacer les traces de ma nuit d'insomnie. J'ai bu une tasse de thé, enfilé des vêtements légers et je suis sortie de l'hôtel, proche du village de pêcheurs où les terroristes ont débarqué, le soir du 26 novembre 2008.

Bombay, née de la réunion de sept îles de pêcheurs, appelée Buon Bahia, la bonne baie, par les Portugais au XVIe siècle ; puis rebaptisée Mumbai, du nom de la déesse Mumbadevi, en 1995, par Bal Tackeray, le chef du parti nationaliste Shiv-Shena. Elle a ce charme propre aux villes portuaires, Rio, Barcelone, New York, Tel-Aviv, où l'urbanisme serré cède d'un coup la place à un océan qui invite à l'ailleurs. Mais à Bombay, l'eau de la mer d'Arabie est grise, boueuse, les plages sont décevantes, jonchées de papiers gras et de détritus, il faudrait être suicidaire pour se risquer à la baignade.

En revenant de vacances à Goa, en décembre 2006, j'avais passé quelques heures dans la ville, avant de reprendre l'avion du soir pour Paris. Une balade en taxi m'en avait offert des images fugitives : la tour des Parsi, la bibliothèque David Sassoon et ses jardins intérieurs, et la minuscule synagogue bleue, Knesset Elyahu, dont le charme désuet, la simplicité et l'authentique ferveur qui s'en dégagent m'avaient fait penser à la Ghriba de Djerba. À la fin de ce parcours au pas de course, j'avais bu un thé à l'hôtel Taj Mahal.

En rentrant à Paris, j'ai fait provision de lectures, de *Bombay Maximum City*[1] à l'inévitable *Shantaram*[2]. Et, tout de suite, j'ai été prise d'une envie folle d'y retourner.

J'y avais séjourné à la même saison, dans la chaleur sèche d'un hiver tropical. Je me souviens du ciel flouté par la pollution, de la poussière qui s'insinuait dans les vêtements, les cheveux, de ces relents d'essence, de

1. Suketu Mehta, *Bombay Maximum City*, Buchet-Chastel, 1996.

2. Gregory David Roberts, *Shantaram*, Flammarion, 2002 ; J'ai lu, 2008.

fruits mûrs, de poisson séché qui m'avaient prise à la gorge. Puis ces klaxons, ces cris, ce flot continu d'humains et d'animaux, ce défilé de voitures, camions, rickshaws, taxis jaunes et noirs, vélos, motos, charrettes. Tout ce qui marche, tout ce qui roule, tout ce qui bouge, envahit les chaussées et les trottoirs.

Ville invivable. Où Loumia et Mourad avaient choisi de vivre.

Ces questions, tout le monde les a eues en tête. Pourquoi sont-ils partis en Inde ? Et d'abord, pourquoi, arrivés au sommet, ont-ils vendu Princesse tam.tam ? Pendant longtemps, personne, dans l'entreprise, n'est au courant des projets de cession, excepté Thierry, le directeur financier. Mourad pense que la marque est arrivée au bout d'un cycle. Pour grandir davantage, il faudrait se déployer à l'international, investir plus, prendre des risques. Il n'en a sans doute plus le désir.

Loumia et lui aspirent à une autre vie, moins de travail, moins de responsabilités et moins de pression. Avant tout, ce sont des entrepreneurs, et c'est le bon moment pour vendre. La boîte est à son apogée, elle vaut beaucoup d'argent. En bonne psychanalyste, Shama propose une autre explication : Mourad a atteint l'âge où son propre père a cédé l'affaire familiale. Inconsciemment, cette idée le taraude.

Des cinq candidats portés acquéreurs, l'offre du groupe japonais Fast Retailing est la plus intéressante : soixante-dix millions d'euros. Dans le contrat, ils gardent 5 % du capital, deviennent consultants de la marque. Loumia s'occupe toujours du style, des campagnes ; Mourad conseille les dirigeants du groupe au Japon, où il se rend désormais souvent. Quelques membres de l'ancienne équipe choisissent de partir. Loumia le prend comme une trahison.

Est-elle contente au moins ? Peu de temps après la vente, son amie Ariane la trouve chez elle, le cheveu en berne, l'œil sombre, vêtue de noir, comme si elle était en deuil. C'est un peu de cela qu'il s'agit. Avec des trémolos dans la voix, Loumia explique qu'elle s'est séparée de ce qu'elle a de plus cher au monde et qu'elle n'a plus qu'à mourir. Ariane s'ébahit de cette franchise. N'importe qui, dans un contexte un peu mondain, aurait menti, triché, affirmé que tout allait bien. Pas Loumia. Elle est vraiment malheureuse et ne craint pas de l'avouer.

Elle a si peur de sombrer qu'elle se lance tout de suite dans un autre projet. Véronique Morali, qui vient de quitter la direction de Chanel, lui propose de s'associer avec elle pour créer le site Internet d'un réseau féminin. Au bout de deux ans de préparation intensive, Terrafemina voit le jour en avril 2008. Loumia assiste aux réunions, s'implique, le projet la passionne. Lui fait-il oublier Princesse tam.tam pour autant ?

Si la vente est une surprise, leur décision de partir l'est encore plus. Ils sont jeunes, riches, toujours entreprenants, désormais libres de créer une autre affaire ou de vivre de leurs rentes. À Paris, ils ont une famille chaleureuse, des amis nombreux, des connexions dans tous les cercles importants de l'économie et de la politique. Alors pourquoi rembobiner le film de l'exil, revenir en arrière ? Et, s'il faut absolument s'expatrier, par tocade, ou parce que c'est la mode, pourquoi ne pas choisir New York ? La ville est un concentré de tout ce qu'ils sont, de tout ce qu'ils font, de tout ce qu'ils aiment, dynamisme, finance, libre entreprise, modernité. Pendant un temps, ils y songent.

Mais Bombay s'impose.

S'installer là-bas est une évidence. L'Inde est une façon de revenir à l'essentiel. Ils veulent retrouver leurs racines, tenter l'aventure comme autrefois leurs ancêtres, enseigner aux enfants une autre vision du monde, se rapprocher d'eux, comme lorsqu'ils partent tous ensemble en voyage, ces moments hors du temps que les petits apprécient tant. La possibilité d'une île dans une ville de dix-huit millions d'habitants.

Le couple ne compte pas s'endormir pour autant. Tous les deux veulent s'investir dans de nouveaux projets, monter d'autres affaires, innover. Mourad mise sur le web indien parce que c'est le plus grand marché du monde et qu'il aimerait l'ouvrir au luxe. Il est à l'affût des propositions, des rencontres, il s'intéresse à tout, parfois à n'importe quoi, tant sa curiosité est grande.

Loumia est plus directe encore. Elle n'est pas en Inde pour boire des *amla juices*[1] et manger du *non fat dahi*[2] en se tournant les pouces. Comme d'habitude,

1. Jus de groseille.
2. Dessert à base de tapioca.

elle fourmille d'idées, d'énergie, de passions. Elle a oublié son moment de dépression et elle est repartie bille en tête.

Fin 2006, la famille y passe les vacances de Noël, pour que les enfants s'habituent à l'idée. Aucun des trois ne veut quitter Paris, l'école, les amis, la famille. Ils pensent que l'Inde est une lubie de leurs parents, et que ça leur passera, Bombay est bien trop sale, bien trop peuplée, tout sent mauvais. Mais ça ne leur passe pas. À leur âge, les enfants n'ont pas leur mot à dire.

Au printemps, Loumia et Mourad profitent d'un long week-end férié pour y retourner. Ils visitent des appartements, prennent rendez-vous à l'école américaine qu'on leur a recommandée. C'est un bel établissement, cossu, rassurant. De vastes salles de classe, des bibliothèques informatisées, des professeurs attentifs, qui deviendront bientôt des amis, une pédagogie de pointe, une piscine, un gymnase, une salle de théâtre. Tout est conçu pour que les enfants de l'élite s'épanouissent dans l'apprentissage. Quarante-deux nationalités s'y côtoient, symbolisées par autant de drapeaux qui flottent dans le vent.

Depuis les attentats, l'entrée ressemble à Fort Knox. Portillons de sécurité, fouilles à l'entrée, la procédure est obligatoire, dans la plupart des lieux publics, des administrations, des hôtels. Ces précautions ostentatoires font rire les Bombayites qui pensent, avec raison sans doute, qu'on n'arrête pas un terroriste avec un simple détecteur à métaux.

En juillet 2007, Loumia repart avec une amie parisienne. Sylvaine l'aide à acheter du linge et de la vaisselle pour l'appartement loué dans le quartier de Raheejah Bay, à Bandra, en raison de sa proximité avec l'école. C'est un quartier résidentiel qui commence à devenir à la mode. Sylvaine est surprise par l'immeuble luxueux, flambant neuf, les murs et les sols recouverts de marbre blanc, la dizaine de gardiens, la salle de gym, la piscine.

L'appartement fait cent quatre-vingts mètres carrés. Il y a quatre chambres à coucher, un immense séjour d'où on peut voir la mer, mais les fenêtres ne sont jamais ouvertes de ce côté-là, l'odeur de poisson pourri est trop forte. Une toute petite pièce, sans clim, est prévue pour le personnel qui s'y entasse, deux par lits superposés. Loumia ne comprend pas l'indignation de son amie. En Inde, c'est ainsi que tout le monde fait.

Je n'ai pas visité leur appartement, j'en ai vu un autre, identique, avec les mêmes canapés de cuir sombre, les mêmes meubles impersonnels, les mêmes grands placards recouverts de miroirs. Un endroit de passage, sans âme, un peu triste. Loumia n'a pas fait l'effort de le redécorer. À Bombay, elle n'a pas le temps de se perdre dans les détails.

Début août, Mourad part avec Naeem pour trouver une voiture, un chauffeur, du personnel. Le garçon se souvient avec bonheur de cette semaine avec son père. Fin août, ils emménagent. Il leur faut un peu de temps pour trouver leurs marques. Les enfants, surtout, qui ont du mal à s'acclimater. Les premiers jours, Naeem pleure, Ilana fait la tête. Mais presque tout de suite, l'école les séduit. L'immeuble leur plaît beaucoup, la piscine, la salle de jeux, les bandes de copains qu'on retrouve en bas.

Ils se disent qu'ils ont gagné au change. Leurs parents, si occupés à Paris, sont désormais plus proches, plus présents, ils sortent moins, passent de nombreuses soirées en famille. Mourad les accompagne à l'école, va les chercher, reste à la maison avec eux, s'occupe toujours de leurs devoirs. Loumia sympathise avec les mères d'élèves. C'est ainsi qu'elle rencontre Hélène qui habite Bombay depuis deux ans avec son mari, directeur d'une usine à Pune, et leurs trois garçons. Avant l'Inde, ils ont vécu six ans en Corée où Hélène, diplômée en sciences politiques, donnait des cours d'économie. Ici, elle écrit parfois des articles, est « fixeur » pour des tournages. Elle tient aussi un blog, Bombay Magic, où elle raconte avec finesse ses observations, ses étonnements, ses coups de cœur[1]. Elle a le mot précis, le sens de l'humour très développé, l'esprit curieux, ouvert et une vraie gentillesse qui lui fait toujours voir le bon côté des choses.

Dans la ville, les expats sont environ mille six cents. Dans tous les pays du monde, ils forment une caste étrange. Ils se reçoivent entre eux, ne fréquentent pas ou peu d'autochtones, vivent dans le confort sans rien débourser. Les femmes qui s'ennuient jouent au

---

1. helenelecuyer.unblog.fr

bridge, s'occupent d'ONG, le nouveau nom pour la charité. Habitués à leurs aises, la plupart n'arrivent plus à rentrer chez eux.

Hélène ne s'est pas tout à fait coulée dans le moule. Tombée en amour pour ce pays, elle est présidente d'un club de femmes qui compte autant d'expatriées que d'Indiennes, met un point d'honneur à n'avoir presque que des amies bombayites. Sonia, une comédienne jaïne[1], mariée à un réalisateur musulman qui me parle longuement des émeutes de 2002[2] qui ont traumatisé son couple ; Radhika, ancienne restauratrice à Delhi, devenue traiteur à Bombay ; Dipika, productrice de télévision jet-set, ou Anu, qui s'occupe du Festival de cinéma de la ville. Toutes ces femmes actives ont leur vision de l'Inde, de ses progrès, de ses faiblesses, de sa violence, de son machisme. Elles en souffrent et elles en sont fières. C'est par elles que je peux m'en faire une autre idée, paradoxale, loin des clichés. Loumia les avait rencontrées aussi.

Hélène est fascinée par l'énergie de Bombay, par ces millions de gens convaincus d'un avenir meilleur. Pourtant, elle reste lucide. « Quand tu es bien, tu es mieux à Bombay qu'ailleurs, quand tu es mal, c'est pire qu'ailleurs », me prévient-elle d'emblée. Bombay

---

1. Une des plus anciennes religions au monde, qui compte près de six millions de fidèles, notamment en Inde. Les jaïns respectent toutes les formes de vie, font vœu de non-violence, d'honnêteté, de non-attachement aux choses du monde.

2. Émeutes antimusulmanes qui ont fait plus de 1 000 morts dans l'État du Mahrashtra et à Bombay.

est une ville incestueuse, me dit-elle aussi. Dans les classes privilégiées, tout le monde se connaît, il y a tout au plus cinq mille personnes qui se retrouvent dans toutes les festivités et qui se marient entre elles. L'une des plus grandes villes du monde ressemble à un chef-lieu de province.

Après les attentats, nous avons repris nos échanges sur Facebook. Nous discutons de tout et de rien, de Loumia d'abord, et longtemps, et souvent. Et puis de l'Inde, de sa politique. Elle m'envoie ses articles, me donne de longs développements sur la situation, les élections. Au fil du temps, nous devenons proches. Quand je lui annonce mon projet de livre, elle propose tout de suite de m'aider.

Je la rencontre pour la première fois en juillet, quelques mois avant de partir à Bombay. Elle est en France, pour les vacances scolaires. Elle me reparle de Loumia, de leur amitié, de cette horrible soirée du 26 novembre, des jours d'après. Elle commence souvent ses phrases par « Loumia disait que », « Loumia pensait que », « Avec Loumia, nous... ». Les quatre ans qui viennent de passer n'ont rien effacé.

Nous sommes toutes les deux installées au Fumoir. J'ai l'impression de célébrer un drôle d'anniversaire. Hélène pleure. C'est contagieux.

Revoir Hélène, à Bombay, conforte notre amitié. Elle veut bien partager sa ville, comme elle l'a fait avec Loumia, comme Loumia voulait le faire avec moi. Elle me fait découvrir ses temples favoris, les usines transformées en centres commerciaux, les boutiques chic de Colaba. Elle m'emmène voir les dhobis qui lavent le linge des habitants, au bord de bassins rudimentaires. Nous nous promenons entre les draps, les saris, les pantalons qui sèchent, suspendus à des cordes. Elle me montre les cahutes en carton bâties à la hâte sur un coin de trottoir, Chor Bazaar, le marché aux puces musulman, la mosquée d'Hadji Hali au bout d'une jetée envahie de pèlerins et de mendiants infirmes. Et Dharavi, le plus grand *slum*[1] d'Asie où vivent un million d'habitants, dont la moitié travaillent à Bombay. Le décor et son envers.

J'absorbe. Les scènes de rue pathétiques ou cocasses, la saleté, l'énervement, les beaux monuments et les taudis infâmes dont le surpeuplement est un défi à l'imagination, les *chawls*[2] décrépis, les papiers gras, les affiches peintes à la main, les flics moustachus sanglés dans leurs uniformes beiges, les jolies filles en *salwar kameez*[3], avec leurs *dupattas*[4] assorties, celles en jeans, avec leurs chevelures brillantes, leurs lunettes et leurs sacs griffés, les regards brûlants des hommes, la musique entraînante qui s'échappe des gargotes, les Ganesh ventrus collés sur les vitres des échoppes, les odeurs de nourriture et de pourriture, les danses des femmes dans un mariage au beau milieu du bidonville, les riches méprisants, les

1. Bidonville.
2. Immeubles collectifs typiquement indiens.
3. Vêtement traditionnel, tunique de coton ou de soie, portée sur un pantalon large.
4. Longues écharpes.

pauvres plus que misérables, les bousculades, la folie ambiante, les sourires. Tous ces sourires.

J'absorbe toujours. Mais en superficie, trop mal et trop vite. Avec mon air appliqué et mon carnet de notes, je suis encore très loin du compte. Il faut plusieurs vies pour comprendre l'Inde.

Pourtant, je veux tout voir. Tout savoir. Où Loumia vivait. Comment elle vivait. Méthodique, Hélène a organisé les visites et les rendez-vous. Nous allons au club sportif de Breach Candy où Loumia regardait les autres nager dans cette piscine en forme de haricot géant, elle qui ne se baignait jamais. Nous allons à l'hôtel Taj Lands End, à Bandra, où Mourad et elle donnaient leurs rendez-vous d'affaires.

J'y rencontre Sumanta Ganguly et Sumantra Gupta avec qui le couple voulait créer EvOlution.com, le site jumeau de Terrafemina. Sumanta dirige une entreprise de marketing digital, Sumantra est consultant en technologie. Ils se souviennent de Loumia, de son regard « sharp », de son rire, de ses questions en rafales, de Mourad le discret qui leur donne un premier chèque très vite pour prouver sa confiance, et de leur surprise devant ce geste. Ils ne savent pas qui ils sont, ni ce qu'ils représentent en France. Ils comprennent bientôt que Mourad, dont « l'éthique et l'intégrité » les séduisent, « n'a pas la tête dans les nuages ».

Mourad est attaché à la rentabilité du site, Loumia tient à son altruisme. Elle pense que le pays change à toute allure, que les femmes évoluent en grande partie grâce à l'Internet. Elle veut leur donner la parole, leur permettre de s'informer, de faire du commerce, d'échanger, de se relier entre elles et de s'entraider. Sumanta et Sumantra établissent un business plan, mènent des enquêtes d'opinion auprès des Indiennes des classes moyennes, avancent dans un projet dont tous les deux pensent qu'il aurait pu aboutir.

Quand ils arrivent, chacun de leur côté, au bar de l'hôtel où nous les attendons, l'un petit et replet, l'autre long et mince, Sumanta et Sumantra, comme les Dupond et Dupont, ils ont tous deux le même petit moment de surprise, teinté d'une émotion palpable. Sans le savoir, je me suis installée dans le fauteuil où Loumia avait pris l'habitude de s'asseoir.

Je téléphone à la mère de Loumia, que tout le monde appelle Nani, comme ses petits-enfants. À Paris, elle n'a pas voulu me parler de sa fille et je n'ai pas trop insisté. Ou plutôt, je n'ai pas osé. Il y avait de la peur, de la méfiance, de la solitude, de la souffrance, dans son refus. « Venez à Bombay, m'a-t-elle dit finalement, j'y serai en décembre. Là-bas, Loumia est partout autour de moi. » Il a quand même fallu parlementer pour qu'elle accepte de me recevoir. Shama a joué les intermédiaires.

Juste avant les attentats, Nani, qui avait tout de suite pris ses quartiers chez Loumia, à Raheeja Bay, avait décidé de déménager. La cohabitation devenait difficile. Loumia ne pouvait se passer de sa mère, mais elles se disputaient sans cesse. Elle aurait préféré qu'elle rentre à Paris, auprès de sa famille, mais Nani voulait à tout prix rester à Bombay.

Elle avait donc loué un petit appartement un peu sombre, au huitième étage des Maker Towers, au bout de Cuffe Parade. Après le décès de sa fille, elle a gardé le bail et s'y est installée. C'est, dit-on, le plus bel immeuble de la ville, bien que, comme souvent là-bas, la façade soit rongée par le sel et le vent. Dipika, l'amie productrice d'Hélène, habite au vingt-quatrième étage. De sa terrasse, la vue sur la baie est spectaculaire, l'eau entoure la façade de tous côtés. Chez Nani, rien de semblable, les fenêtres donnent sur une anse sablonneuse, à quelques mètres de celle où les terroristes ont débarqué.

Pendant deux ans, Sachin, son jeune professeur de yoga, l'a aidée à surmonter le choc. Il a été pour elle « comme un fils ». Il lui a appris la méditation qu'elle pratique tous les jours. Au bout de quelque temps, Sachin est retourné chez lui, à Rishikesh, dans les contreforts de l'Himalaya. Nani s'est retrouvée seule, elle qui recevait tout le monde, enfants, petits-enfants, neveux, nièces, cousines, tous les week-ends, à Paris. Elle a toujours son bel appartement à Montparnasse, mais s'obstine à rester quelques mois par an à Bombay, avec, pour toute compagnie, un chauffeur et une domestique. Elle téléphone tous les jours à sa famille, dispersée dans le monde entier.

Sous sa rondeur faussement pateline, son brushing impeccable, son accent gujarati doublé d'un léger zézaiement, ses *salwar kameez* de couleurs vives ou pastel, assorties aux étoles que son tailleur indien confectionne, les semainiers de diamants qui étincellent à ses poignets, elle a l'esprit aiguisé, à l'affût, rusé. De ses longs doigts aux ongles impeccablement vernis, elle pioche des douceurs dans de petits bols disposés sur une table basse. C'est une femme intelligente qui parle de psychanalyse – Shama a mis toute la famille au pas – et décortique avec finesse le tsunami familial qui a suivi la disparition de sa fille.

Elle a vu mourir en peu de temps ses sœurs et ses frères, sa fille, son gendre, elle se sent seule et elle ressasse ses souvenirs en vrac. Elle pourrait sembler dure. Elle m'émeut. Avant tout, c'est une vieille dame brisée. Elle me fait penser à ma grand-mère, l'attitude, la corpulence, la façon de se tenir, de parler, les mines de chatte gourmande. J'ai l'impression de la comprendre mieux qu'elle ne me comprend, moi qui suis pour elle une étrangère dont elle se méfie et se tient à distance. Elle aura pourtant des gestes surprenants, m'invite à déjeuner dans le restaurant d'un temple qu'elle aime, m'offre des foulards de soie qu'elle a fait confectionner exprès pour moi. D'emblée, elle m'a prévenue, elle ne veut surtout pas me parler de Loumia. Mais elle ne me parle que d'elle.

Une fois par semaine, elle demande à son chauffeur de l'emmener à Bandra, chez le coiffeur de Loumia qui est devenu le sien. Ils font le tour des endroits où la mère et la fille allaient ensemble.

« C'est mon jour préféré, me dit-elle. Il me semble ainsi que Loumia est encore là. »

En quelques mois à peine, Loumia a recréé un cercle amical autour d'elle. Et comme à Paris, son charme opère. Son rire, sa joie de vivre, son énergie, sa chaleur, sa gaieté, sa générosité, deviennent indispensables.

Loumia pose encore et toujours des questions, sur l'Inde ancienne et la nouvelle, la spiritualité et la vie quotidienne, Gandhi et le salaire des « maids », la politique et les cours des enfants au CNED, les réseaux sociaux et les embouteillages. Le pays lui est familier, pourtant, elle découvre tout.

Sa vie est devenue plus simple et plus compliquée à la fois. Elle ne perd pas contact avec ses amies de Paris, qu'elle appelle presque tous les jours, durant ses longs trajets en voiture vers Colaba. Toutes les occasions sont bonnes pour s'y rendre, même si les déplacements sont épuisants.

Elle retourne en France quelques jours par mois, les bras chargés de cadeaux, en revient contente de retrouver sa bulle. À Paris, elle se disperse, à Bombay, elle se recentre. Sachin, recommandé par une amie indienne, lui donne ses premières leçons de yoga. C'est une discipline qui lui est étrangère, si peu en phase avec son impatience, mais elle se prend au jeu, s'applique, progresse vite, pratique la méditation. Elle prend des cours chaque jour. Sa mère, Mourad et les enfants s'y mettent aussi. Sachin passe cinq à six heures par jour dans leur appartement. Il dit que Loumia est une élève sérieuse.

Et parce qu'on ne se refait pas, au bout de trois leçons à peine, Loumia envisage déjà de monter un centre de yoga quand elle reviendra à Paris.

On lui présente un autre professeur, Prasad, un beau garçon d'une quarantaine d'années, grand, les cheveux noués en queue-de-cheval, qui sourit peu et s'exprime lentement, d'une voix douce, magnétique, sans doute indispensable à son métier.

Nous le rencontrons au Coffee Shop de Bandra, devant la plage. Il flotte autour de nous comme un air de vacances, qui contraste avec la gravité de nos propos. « C'est le chouchou des expatriées », me souffle Hélène, qu'il met mal à l'aise. Il donne deux ou trois cours par semaine à Loumia, il insiste aussi sur son sérieux, dit qu'elle cherche sa voie, qu'elle veut « revenir aux racines ». Quelle voie ? Quelles racines ? Elle-même le sait-elle ?

Les dernières semaines, elle prend jusqu'à six heures de cours par jour, elle veut obtenir un diplôme. Elle n'est pas toujours la plus concentrée. Est-ce un dérivatif au désœuvrement, comme le pensent certaines de ses amies à Paris ? Quand elle revient, elles la trouvent changée, plus calme, plus sereine. Est-elle engagée sur un chemin spirituel, comme le prétend Prasad ? A-t-elle commencé le « voyage » ? Trouvé le chemin du bonheur ?

Et pourtant, le 7 octobre, de cet ashram du nord de Bombay où elle se rend pour quelques jours de retraite, elle m'appelle en hurlant de rire : « Gourou ne veut pas que j'utilise mon téléphone portable mais j'en ai besoin pour savoir ce qui se passe ! » Le Cac 40 a perdu 40 % de sa valeur. La finance internationale est sur la brèche.

Ce jour-là, Gourou et elle n'ont pas la même compréhension du monde.

Elle voyage avec Mourad et les enfants, avec ses amies parisiennes, avec sa famille, visite le Rajasthan, le Kerala, Jailsamer, Goa, la Thaïlande, Oman, Singapour, le Bhoutan. Elle projette une visite dans le Gujarat pour retrouver des traces de ses ancêtres. Elle voudrait entraîner tout le monde en Inde. Elle reprend le karaoké. Elle enregistre un disque, un vieux rêve, avec un musicien indien, le beau-frère d'un voisin. Le titre phare s'intitule : *What does it take you to love me?* Sa voix est un filet charmant, rafraîchissant. Quand elle répète, Mourad, qui n'est jamais loin, entre dans la pièce : « Loumia, pour chanter ce morceau, il faut que tu penses à moi. »

Elle s'habille toujours en sombre mais les couleurs du pays, la gaieté des tissus l'inspirent plus que jamais. Du reste, elle a un projet avec Mayumi, l'épouse du consul français, elle veut faire travailler des brodeuses au savoir-faire ancestral, imaginer des vêtements avec elles, monter un site Internet pour les vendre.

Mais les affaires avancent trop lentement. Certaines les déçoivent. Mourad a loué des locaux, non loin de chez eux. Deux petites pièces encombrées, vieillottes, dans un immeuble presque insalubre. Hélène n'en revient pas, c'est un contraste si fort avec leur vie d'avant, comme s'ils redémarraient à zéro. Dans leurs esprits, c'est peut-être le cas. Mourad veut monter un site sur le modèle de vente-privee.com. Pour la première vente, on lui refile des tee-shirts et des chemises XXL, bien trop grands pour les Indiens. Les photos étaient trompeuses. Les stocks lui restent sur les bras, impossibles à écouler. C'est un fiasco.

Loumia finance un documentaire qui ne voit pas le jour. Mourad aimerait en produire un autre, sur les cafés iraniens de la ville, mais le projet tombe à l'eau… Avec Serge et Alexis, deux Français, il veut monter une chaîne de salons de coiffure. Les travaux du premier commencent un peu avant les attentats. Il a en tête d'autres projets, s'associe avec un Indien, Sanjay, que j'ai tenté en vain de voir à Bombay. Peut-être traumatisé par la mort de ses amis dont il ne s'est toujours pas remis, il s'est dérobé sans cesse. Poliment. À l'indienne.

Parfois le couple semble déconnecté. Le décalage est grand entre leurs rêves et la réalité. Société du bakchich, lenteur, désorganisation, ce qui les amusait au début les déconcerte bientôt et les agace plus qu'il ne faut. Le business existe mais il faut aller le chercher. Connaître les codes, les habitudes.

Tout fonctionne mais on ne sait pas comment. Même avec beaucoup d'argent, le quotidien est difficile. Fatigant. Au bout de trois jours à Bombay, je suis épuisée. Et Loumia ? Qui fait du sport, rencontre du monde, multiplie les projets ? Qui effectue jusqu'à deux fois par jour le trajet du nord au sud en voiture ?

« Tu tiens, si tu habites Colaba ou Bandra, si tu as un chauffeur, trois maids, si tu vis comme un expat ou un Indien upper class », commente Hélène.

Et même. Et encore.

Seul EvOlution.com semble aller dans le bon sens. Hélène écrit pour le site quelques portraits d'Indiennes qui ne seront pas publiés. Ces femmes modernes que Loumia recherche, qu'Hélène côtoie, n'existent que dans les grandes villes. Ailleurs, elles sont trop peu nombreuses. Car Bombay, c'est seulement la proue du navire, ce qui émerge, ce qui flamboie. L'Inde est restée tatillonne, rétive, impossible à séduire. Elle les a attirés, à présent elle aspire leurs forces. Elle les ronge, elle les rejette malgré leur obstination. Ils se perdent. La première année était riche en découvertes, la deuxième, qui commence à peine, va-t-elle les faire dériver ?

Une astrologue consultée avec Véronique Morali, avant le déménagement de Loumia en 2007, lui a fait cette prédiction étrange : « Si tu pars en Inde, tu n'en reviendras pas. »

Loumia n'acceptait pas l'injustice du sort. Moi, je n'aime pas son ironie. Depuis toujours, les attentats étaient, avec les accidents d'avion, ses pires angoisses. À Paris, elle était obsédée par la sécurité. Et à Bombay ? Était-elle plus tranquille ?

Lors de vacances en famille à Jaipur, en juin 2008, Saghir veut visiter un marché. Mourad refuse avec énergie. Quinze jours auparavant, sept bombes dissimulées dans des bicyclettes ont explosé à quelques minutes d'intervalle dans des bazars, des temples, des endroits touristiques et ont fait quatre-vingts morts et deux cents blessés.

C'est un attentat parmi d'autres, dans une liste qui s'allonge[1]. Une fois, ce sont les nationalistes hindous, une autre fois les musulmans extrémistes, téléguidés, mais pas toujours, par le voisin pakistanais.

L'Inde est l'un des derniers endroits au monde où Loumia et Mourad auraient dû s'installer.

Je traîne dans le quartier qui va de Colaba jusqu'au Fort. C'est un tout petit périmètre. Je reprends l'itinéraire des terroristes. Juste après les attentats et parce qu'on est en Inde, où le sens des affaires l'emporte, un tour-opérateur proposait la visite guidée de tous les endroits attaqués. Ici, ce n'est même pas de mauvais goût.

Colaba, une des sept îles qui composaient Bombay, est devenue une péninsule. Dans les bazars de Causeway, sous les arcades derrière le Taj Mahal et dans les petites rues adjacentes, se presse nuit et jour une foule compacte d'Indiens et d'étrangers, de riches et de pauvres, d'intellos et de touristes. L'endroit s'est gentrifié, des restaurants et des cafés bobos ont surgi un peu partout, des boutiques occidentalisées vendent de l'artisanat à prix d'or. Entre les échoppes d'un luxe inouï se sont glissés des milliers de stands minuscules dont la profusion donne le vertige.

---

1. 1993, Bombay : 317 morts. 2001, Delhi : 14 morts. 2003, Bombay : 55 morts. 2005, Delhi : 61 morts. 2006, Bombay : 186 morts, Malegaon : 40 morts, Bénarès : 21 morts. 2007, Hyderabad : 53 morts. 2008, Bombay, Assam, Ahmedabad, Kânpur, New Delhi, Bangalore, Malegaon : 200 morts. Liste non exhaustive.

Personne n'aurait pu imaginer une attaque ici, tant le lieu semblait sacré, inviolable. C'est un peu comme si des terroristes décidaient d'arriver en bateau-mouche par la Seine et d'attaquer la rive gauche de Paris, les Deux Magots et le Flore, Lipp, l'hôtel Lutétia, la gare Montparnasse, la Coupole.

Je commence ma reconnaissance par le café Léopold, ouvert depuis 1871, comme le signale son enseigne rouge. Le Léo's ressemble à un bistrot français. Entre ses murs, bat le cœur touristique d'un Bombay bon enfant, il est toujours bondé, surtout le soir. C'est un endroit stratégique, pour fixer ses rendez-vous, voir sans être vu, se faire voir. Gregory David Roberts, qui en a fait le pivot central de son roman *Shantaram*, le raconte comme un personnage à part entière, qui ouvrirait grands ses bras à la pègre de la ville.

Je ne sais pas si Loumia aimait cet endroit, mais naïvement, je crois aux signes. Dès le lendemain de mon arrivée, je m'assois face à la rue, pour mieux m'imprégner des lieux. Sur ma table, un flyer est plié en quatre. Je le déplie distraitement en attendant que le serveur apporte ma commande. C'est une pub pour le concert d'un groupe de rock, sponsorisé par une gamme de mobiles Nokia.

Lumia.

Ce nom, écrit en lettres capitales.

Je bois un jus de fruits au Taj Mahal, où Loumia aimait bien dîner. Un homme d'affaires parsi, Jamsetji

Tata, l'a fait construire au début du XXe siècle parce que les Anglais refusaient aux Indiens l'accès à leurs clubs et à leurs hôtels. Quatre coupoles, un dôme central fait du même acier que celui de la tour Eiffel, cinq cent soixante-six chambres, onze restaurants, six étages, une nouvelle tour construite en 1973 : le Taj est une légende, le symbole de la fierté indienne. Les milliardaires et les célébrités du monde entier ont barboté dans la piscine, ouvert leurs fenêtres sur la mer d'Arabie, face à la porte de l'Inde. Il n'est pas étonnant que les terroristes aient voulu le détruire.

Je tourne autour du pot. Sans doute pour retarder le moment de ma visite à l'Oberoi. Celle que je redoute le plus. La tour de l'hôtel se dresse presque au bout de Marine Drive, à Nariman Point, face à la mer d'Oman. C'est l'un des endroits les plus calmes de la ville. Un court moment passé sur l'un des bancs qui ponctuent la jetée fait oublier le bruit, la pollution, la lutte pour la survie.

Des nuées d'oiseaux décollent dans le ciel rose comme une traînée d'étoiles palpitantes. L'air tremble sous la chaleur, des enfants dirigent un cerf-volant, les vagues s'ourlent d'argent. Assis sur le parapet de pierre, des amoureux s'enlacent. Tant de douceur surprend. Par moments, Bombay fait semblant d'être un paradis.

J'entre dans le hall, suivie par Hélène. C'est la première fois qu'elle revient à l'hôtel depuis les attentats. Elle ne reconnaît rien. Confuse, sans repères, elle a délibérément oublié l'ancien édifice et ne réussit pas à m'expliquer ce qui a changé. Elle ne sait plus comment les terroristes sont entrés. Elle se perd, nous perd.

Tout a été refait, la sécurité a été renforcée. Il y a désormais cent cinquante caméras là où il n'y en avait que quinze, et même les grandes baies vitrées du hall, qui offrent une vue recherchée sur la mer, sont faites d'un verre trempé à l'épreuve des balles.

Reconstruit à grands frais, le nouvel Oberoi est encore plus opulent qu'auparavant. Le décor minimaliste respire le luxe sans âme. Les murs sont noirs, le sol pavé d'un marbre blanc qui vient des carrières de l'île grecque de Thássos. Installé au milieu, bien en évidence, un piano à queue rouge vif éclabousse les lieux d'une tache sanglante. Le restaurant Tiffin a été rebaptisé Fenix, l'oiseau qui renaît de ses cendres.

Dans cet endroit feutré où la musique standardisée qui s'échappe des haut-parleurs couvre les chuchotements des clients, je ne vois, je ne peux voir, qu'un grand funérarium.

18

Le courage et l'incurie

On dit qu'en Inde un degré seulement vous sépare de n'importe quel acteur de Bollywood et même du président de la République. Hélène a mis très peu de temps à nous obtenir un rendez-vous avec Rakesh Maria, le chef de la brigade antiterroriste de Bombay.

Ce policier, que les Bombayites ont surnommé « Top Cop », est une célébrité dans sa ville. Quand on évoque son nom dans un dîner, les femmes battent des cils, les hommes ont un coup d'œil éloquent. Loumia l'aurait adoré, j'en suis sûre. Peut-être l'aurait-elle entraîné à un karaoké, qui sait ?

Une grande bâtisse coloniale, située sur JJ Road, juste à côté de la grande synagogue Magen David, abrite les bureaux de l'Anti Terrorist Squad (ATS). Les lieux sont aussi sales que vétustes, on dirait que tout a été laissé en l'état depuis le départ des Anglais.

« C'est plutôt bon signe, commente Hélène, au moins on voit que l'argent public n'est pas gaspillé. »

Un policier nous escorte et nous laisse patienter quelques minutes dans une minuscule cabine. Un autre nous fait entrer dans une vaste pièce qui tranche avec le reste du bâtiment. Claire, confortable, elle est meublée dans un style anglo-indien, meubles en acajou, bibliothèques vitrées.

Rakesh Maria est assis derrière un bureau gigantesque. Il se lève, déplie sa carrure de nounours, un mètre quatre-vingt-dix au moins, fait le tour pour venir nous saluer. Un regard brun auquel rien n'échappe, des cheveux poivre et sel, une fossette au menton : il est plutôt bel homme en dépit de cernes foncés sous les yeux, qui attestent la fatigue. Sukhetu Mehta, qui lui a consacré un chapitre dans *Bombay Maximum City*, en le rebaptisant Ajal Lay, l'a décrit avec justesse comme un « boxeur intelligent ».

La légende vivante de la police indienne se montre d'une politesse exquise. Il nous serre la main et nous demande avec un accent anglais distingué si nous désirons une tasse de thé. Je pense à cette phrase piochée dans un magazine[1] : « Le grand et séduisant Maria est un mélange d'ambition et de professionnalisme, de bonnes manières et de dureté impitoyable, dans son combat au quotidien avec la face sombre de Bombay. »

Devant nous se tient un gentleman à la part d'ombre sans doute bien profonde, mais son sourire engageant en atténue la noirceur.

---

1. *The Verve Magazine*, juin 2010.

Rakesh Maria n'est pas acteur. Il aurait pu le devenir. Tombé dans la marmite du show-business quand il était tout petit, il continue à s'y mouvoir avec aisance. Né à la fin des années cinquante dans une famille de producteurs de Bollywood, il n'a pas voulu suivre les traces de son père. Il a choisi l'uniforme de l'Indian Police Service, en 1981, par « amour de la discipline et de la dignité ». Plutôt secret, il ne s'épanche guère sur sa vie privée. Parmi les deux ou trois choses que l'on sait de lui, figurent sa scolarité à Saint-Xavier, le collège de l'élite de Bombay, sa passion pour le base-ball et son mariage avec Preeti, qui lui a donné deux fils, aujourd'hui étudiants. À son grand regret, son travail l'a empêché de les voir grandir.

Il a fait ses premiers pas comme inspecteur adjoint dans le Maharashtra, puis, en 1986, il est revenu à Bombay. Sa prodigieuse mémoire, les milliers de notes prises pendant ses enquêtes, sa connaissance encyclopédique des gangs qui pourrissent la ville, son réseau qui se ramifie dans le monde entier l'ont rendu indispensable.

Rakesh Maria a conquis la gloire en établissant la responsabilité de Dawood Ibrahim[1], le plus dangereux des chefs mafieux, et celle de Tiger Memon, son bras droit, dans les attentats de Bombay de 1993[2].

---

1. Son organisation, la D Company, s'occupe de trafic d'armes, de drogue, de racket, etc. On le dit lié aux services secrets pakistanais et à al-Qaida. Ibrahim est soupçonné d'avoir joué un rôle important dans les attentats de 2008.

2. Le 12 mars 1993, une série de bombes explose dans plusieurs endroits de Bombay, tuant 257 personnes. Et causant plus de 700 blessés.

Les deux hommes sont en fuite au Pakistan, d'où Ibrahim continue à diriger son empire criminel indien. Début 2009, il a été mandaté par le Lashkar pour assassiner Ajmal Amir Kasab, le seul survivant du commando terroriste des attentats de Bombay, juste avant son procès, par peur de ses révélations. Une conversation téléphonique interceptée par les services de renseignement indiens a fait échouer la tentative.

Maria a ensuite rejoint la police criminelle. En 2003, on lui a confié l'enquête sur les nouveaux attentats de Bombay[1], puis toutes celles liées au terrorisme. En novembre 2008, il est devenu commissaire de police en chef de la région nord-ouest de la ville, là où se commettent les trois quarts des crimes et des délits. Il ne lui manquait plus qu'une légende officielle. Le cinéma et la littérature s'en sont chargés[2].

La tradition britannique fait qu'en Inde on commence toujours ses visites par un peu de « small talk ». Même avec le chef de la célèbre brigade antiterroriste. Je devrais lui parler de son épouse Preeti, qu'Hélène rencontre régulièrement au cours de déjeuners organisés par leur réseau féminin. Ou commenter le thé

1. Le 25 août 2003, deux taxis explosent à Bombay devant la porte de l'Inde et le Zaveri Bazar, et tuent 55 personnes.

2. Il a prêté ses traits à Sartaj Singh, le policier de *Sacred Games*, le foisonnant roman de Vikram Chandra. Il a conseillé le réalisateur de *Mission Kashmir.* Le scénariste et réalisateur de *Black Friday* a écrit son film en s'inspirant de son enquête sur les attentats de 1993. Enfin, dans *The Attack of 26/11*, son personnage est interprété par Nana Patekar.

délicieux, qu'un policier attentif nous a servi dans de la porcelaine fine, accompagné de petits gâteaux. Ou sacrifier aux coutumes anglaises et disserter sur le climat très agréable pour un mois de décembre, avant d'entrer dans le vif du sujet. Ce sont les usages, ici.

Mais je suis mal élevée. Ou trop rompue à la brutalité française. Chaque minute d'une interview est précieuse, surtout avec un homme aussi occupé, alors j'attaque tout de suite. Rakesh Maria ne montre ni surprise ni désapprobation. Il nous répond avec cordialité, en pro de la communication.

« L'Inde a connu de nombreux attentats, très meurtriers », nous explique-t-il quand je lui demande en quoi les attentats de novembre 2008 diffèrent des précédents. D'habitude c'est « Hide, Hurt, Hide ». Les terroristes se cachent, frappent et se cachent. La police arrive tout de suite après les attentats, instaure un périmètre de sécurité, évacue les blessés, enquête, arrête. En 2008, pour la première fois, le déroulement a été très sophistiqué. Les attaques ont eu lieu simultanément, dans plusieurs lieux différents de la ville, et de toutes les façons possibles, bombes, grenades, mitraillettes, prises d'otages, confrontation directe avec la police.

« C'était la guerre », dit-il. WAR. J'entends distinctement les majuscules.

Au petit matin du 27 novembre 2008, Rakesh Maria est le premier à interroger sérieusement le terroriste Ajmal Amir Kasab, juste après son arrestation au terme d'une cavale meurtrière, où plusieurs policiers ont été tués.

Dès le début des attentats, Hasan Gafoor, chef de la police et supérieur hiérarchique de Maria, l'avait assigné à la direction des opérations depuis la salle de contrôle, près de Crawford Market. Maria aurait dû être sur le terrain, c'est la mission pour laquelle il est le mieux qualifié. Furieux mais discipliné, il a réparti ses équipes dans tous les endroits de la ville où les attaques étaient signalées, tenté de gérer une situation complexe, avec les moyens dont il disposait. Quand, vers une heure du matin, il a appris la capture de Kasab, hospitalisé pour des blessures sans gravité aux poignets, il l'a réclamé, comme une récompense.

« When they brought Kasab to me… »

Quand ses hommes lui amènent Kasab, les questions se bousculent. Qui sont-ils et combien ? Quelles armes ont-ils ? Comment sont-ils arrivés à Bombay ? Quel était leur plan ? Kasab avoue tout de suite et donne l'information la plus surprenante : les terroristes ne sont que dix. Comment le croire ? Et surtout, comment vérifier ce qu'il raconte ?

Maria a de bonnes raisons d'en vouloir à Kasab. Dans sa fuite, l'homme a tué la plupart de ses meilleurs amis, parmi lesquels le chef de la brigade antiterroriste, Hemant Karkare, dont il occupe aujourd'hui le fauteuil. Il ne s'est pas remis de son décès. Ni de celui du commissaire de police Ashok Kamte, ni de celui de l'inspecteur Vijay Salaskar, abattus par Kasab et son complice Ismaïl Khan, puis jetés à terre comme de vulgaires paquets quand les deux terroristes ont pris la fuite au volant de leur jeep de fonction.

Leur mort, qui a fait l'objet d'une polémique intense, a ravivé les conflits internes à la police. La veuve de Kamte a écrit un livre, publié un an plus tard[1]. Elle a accusé Rakesh Maria d'avoir envoyé son mari et ses deux collègues au casse-pipe, et surtout de ne pas leur avoir fourni des renforts malgré les demandes répétées des trois policiers.

Maria a tout nié en bloc. Dans un rapport volumineux, il a décrit avec minutie ce qui s'est passé ce soir-là, surtout dans les premières heures des attentats, puis il a remis le dossier à la commission Ram Pradhan[2] qui l'a interrogé longuement, à trois reprises. Face à ses supérieurs, Maria a posé sa démission dans la balance. Disculpé de ces accusations, il a été nommé à la tête de l'ATS en 2010, et, il y a quelques mois, chef de la police de Bombay.

Ses détracteurs pensent qu'il s'en est tiré à bon compte. Ses admirateurs continuent de le vénérer.

Bravery. Le courage.

Rakesh Maria répète le mot comme pour dédouaner ses hommes. Les critiques ne sont pas seulement

---

1. Vinita Kamte with Vinita Deshmukh, *To the Last Bullet: The Inspiring Story of Braveheart-Ashok Kamte*, Ameya Prakashan, 2009.

2. Officiellement connue sous le nom de High-Level Enquiry Committee (HLEC) ou 26/11, la commission a été appointée par le gouvernement du Maharashtra en décembre 2008, pour faire toute la lumière sur les attentats de Bombay.

venues de la veuve de Kamte. La population de Bombay, très en colère, n'a cessé de reprocher au gouvernement son laxisme et ses erreurs impardonnables, au cours des manifestations qui ont suivi les attentats.

La police a été sévèrement mise en cause. Manque de moyens, d'effectifs, de préparation, d'anticipation... Et un armement dérisoire. Contre les kalachnikovs, les grenades, les bombes, les policiers n'avaient à opposer que de simples cannes de bambou, des revolvers et des fusils anglais, dont le modèle datait de la Première Guerre mondiale. Leur anachronisme n'était pas seulement ridicule, il a été meurtrier.

Pourtant, c'est vrai, le courage y était. Une vingtaine de policiers sont morts au combat. Mais tout s'est fait dans la panique, les ordres et les contrordres. À leur décharge, la folie s'étant emparée de la ville, il fallait être très armé, ou très organisé, ou en sureffectif, pour endiguer ce chaos monstre. La police de Bombay n'était rien de tout cela.

La commission Pradhan a jugé qu'elle n'avait pas la capacité de faire face toute seule à une situation de guerre et que la désorganisation incombait à Hasan Gafoor. Durant toutes les opérations, le chef de la police était resté planqué dans sa voiture, garée devant l'Oberoi, et il donnait des ordres incohérents[1]. D'autres comportements erratiques ont retardé l'issue des combats.

Ainsi, plus de douze heures ont-elles été nécessaires aux commandos d'élite, les fameux *Black Cats*, pour arriver de Delhi.

---

1. Gafoor est mort d'une crise cardiaque en mars 2012.

La colère des Bombayites s'est aussi exprimée contre les services secrets indiens extérieurs[1] et intérieurs[2]. Chaque année, le gouvernement indien dépense des milliers de crores[3] pour financer sept agences de renseignement. Mais les terroristes sont devenus de plus en plus habiles dans l'art de crypter les conversations téléphoniques et les mails, et les services secrets ont du mal à les décoder, malgré le matériel sophistiqué qui leur permet de les intercepter.

Quelques mois avant les attentats, des renseignements très précis leur avaient pourtant été fournis. Si on les avait pris au sérieux, décryptés, analysés, le désastre aurait pu être évité. Ces informations ne sont apparemment pas parvenues au bon endroit. Ou peut-être tout simplement n'ont-elles pas été comprises. Ce qui ne laisse pas d'inquiéter sur l'efficacité et la coordination des services en question, et sur leur utilité.

Le 18 septembre 2008, cependant, le RAW a capté une conversation téléphonique indiquant qu'un attentat se préparait contre un grand hôtel situé en face de la porte de l'Inde et que les attaquants viendraient par la mer. Le 24 septembre, une autre discussion donnait clairement le nom de quelques édifices, dont le Taj Mahal. D'autres appels ont révélé que les assaillants débarqueraient à Cuffe Parade. Mais rien, ou presque, n'a été changé dans le dispositif de surveillance, très insuffisant.

1. Research and Analysis Wing (RAW).
2. Intelligence Bureau (IB).
3. 1 crore = 1 million de roupies = 12 000 euros.

De leur côté, le FBI et la CIA avaient directement mis en garde Ratan Tata, le propriétaire du Taj Mahal, contre les risques d'attentats visant son hôtel. Des portiques avaient été installés puis assez rapidement mis hors service devant les protestations des clients. En 2006, les détecteurs avaient aussi été abandonnés dans les gares de Bombay, en raison des trop longues files d'attente qui empêchaient les voyageurs de prendre leurs trains.

Au cours du premier interrogatoire, Maria a demandé à Kasab :

« Et si les policiers de l'hôtel avaient repéré vos armes ?

— On les aurait tués et on aurait ensuite foncé dans le hall. »

Les Américains avaient aussi prévenu leurs homologues indiens de la probabilité d'une attaque, en leur précisant que les Occidentaux seraient visés. Ces communiqués se sont perdus dans les tréfonds de la bureaucratie indienne.

Des gardes-côtes ont bien surveillé le rivage pendant quelques semaines. Un peu avant le 26 novembre, le contrôle a été relâché. Pourquoi ?

« On savait que des bateaux pouvaient venir par la côte, mais de toute façon, personne n'aurait eu l'idée d'arrêter un dinghy rempli de jeunes étudiants débarquant à Badhwar Park », répond Maria.

Imparable ? N'empêche que depuis Karachi, les terroristes ont pu naviguer trente-huit heures sans jamais être inquiétés. Ils ont été arrêtés une fois, mais les gardes-côtes les ont laissés passer sans même prendre la peine de vérifier leurs fausses identités.

Plus tard, les officiers de l'Intelligence Bureau ont laissé entendre que les agences américaines ne leur avaient transmis que les informations qui les arrangeaient. L'éternelle guéguerre des services secrets. Et leur éternelle opacité.

« L'échec a surtout été celui de l'imagination, *a failure of imagination* », nous répète Rakesh Maria, dans son bureau de JJ Road.

Il est fier d'une formule inventée par les Américains, quand, après le 11 septembre 2001, ces derniers ont fini par comprendre que ni la CIA ni le FBI n'avaient anticipé ce qui s'était passé ce jour-là.

« Les critiques sont injustifiées, se défend-il encore. Nous avions très peur des dommages collatéraux, c'est ce qui nous a empêchés de réagir tout de suite. Il y avait neuf cent quatre-vingts personnes au Taj et quatre cent cinquante à l'Oberoi. Le plus important était d'éviter les morts et les blessés supplémentaires. Dans la bataille, nous avons perdu les meilleurs de nos hommes. »

Le chef de l'ATS préfère se projeter dans le futur. Il insiste sur les moyens dont la police dispose désormais, nous détaille les mesures en vigueur. La marine a été équipée de bateaux à moteur, et les hommes d'armes dignes de ce nom, de véhicules blindés, de gilets pare-balles. La surveillance dans les hôtels a été renforcée. Le gouvernement indien a remis de l'ordre dans les différents services et doté Bombay d'une nouvelle unité antiterroriste, Force One, calquée sur les National Security Guards[1]. Il est aussi question d'installer dans la ville un circuit de vidéosurveillance, doté de six mille caméras, mais les habitants l'attendent toujours.

Ces dispositions, nécessaires, sont bien loin de suffire. Le point faible reste la coordination entre les services de renseignement, même si elle a été renforcée. En outre, en raison du système fédéral, il est difficile de mettre en place une vraie réforme de la police qui manque considérablement de moyens.

Les policiers continuent de payer eux-mêmes l'essence de leurs voitures, et ils ne peuvent pas répondre aux urgences tant que leurs réservoirs ne sont pas remplis. Bombay demeure à la merci du pire.

Les médias n'ont pas été les derniers à subir la critique. Tout ce que l'Inde comptait de reporters, de photographes et de cameramen a été dépêché sur les lieux du carnage jusqu'à la fin des opérations, sans compter les envoyés spéciaux venus du monde entier. Tous se sont rués pour tenir le rôle que les terroristes avaient écrit pour eux.

Chaque mouvement des criminels et des forces armées a été commenté et retransmis en direct, vingt-quatre heures sur vingt-quatre, sur les soixante-sept

1. Le groupe d'action des tireurs d'élite a été créé en 1984 pour faire face aux attaques terroristes sous toutes leurs formes quand la police locale ou fédérale ne réussit pas à maîtriser la situation.

chaînes d'informations indiennes. J'ai visionné un certain nombre de ces reportages. À chaque fois l'excitation des journalistes le dispute à leur incrédulité. Au début, personne ne comprend rien. Puis, quand ils saisissent ce qui est en train de se produire, ils ne lésinent pas sur les détails.

Grâce à eux, le monde entier a su, minute par minute ou presque, ce qui se passait à l'Oberoi, au Taj et à Nariman House où les membres du commando étaient retranchés avec leurs otages. Le monde entier, plus les chefs du Lashkar. Depuis leur tour de contrôle de Karachi, munis d'ordinateurs et de téléphones satellites pour communiquer avec les terroristes, ils regardaient la télévision et se délectaient du spectacle. Les yeux rivés sur l'écran, les oreilles scotchées à leurs mobiles, ils ont manipulé le commando, avec toujours un coup d'avance sur les policiers et les troupes d'élite.

« À cause des médias, le métier est devenu beaucoup plus difficile aujourd'hui qu'il ne l'était dans les années quatre-vingt ou quatre-vingt-dix, commente Rakesh Maria. Mais depuis 2008, on a enfin compris qu'ils ne devaient pas venir sur place. Ou, s'ils y étaient, qu'ils devaient se taire. »

De leur côté, les médias, qui ont fait leur mea culpa, ont décidé de se doter d'une charte de bonne conduite si jamais ce type d'événements se reproduisait.

Le « métier » est devenu difficile en tout. Comment obtenir des aveux ? Comment Rakesh Maria a-t-il fait parler Kasab ? Dans le livre de Sukhetu Mehta, Ajay

Lal, son double, explique longuement la technique des fils électriques appliqués sur les parties génitales, celle de la fausse noyade, celle de la privation de sommeil, et bien d'autres tortures, au premier, deuxième ou troisième degré, que je n'ai pas envie de détailler. Il faudrait être le saint que Maria n'est pas pour ne pas maltraiter un type qui a tué de sang-froid autant de monde, dont quelques-uns de ses meilleurs amis.

Mais le commissaire se défausse. La torture, très peu pour lui[1]. Il dit qu'elle ne donne pas de réponses satisfaisantes, que les terroristes d'aujourd'hui sont complètement endoctrinés. Et puis les lois sont strictes, les avocats et les cours de justice sont là pour les faire appliquer, les organisations humanitaires pour surveiller si les droits de l'homme sont respectés. Mieux vaut utiliser des méthodes plus sophistiquées, la psychologie, le savoir-faire, pour pénétrer dans leurs cerveaux.

Psychologie. Soit. Kasab a tout déballé cette nuit-là, puis il s'est rétracté. Le sérum de vérité et quelques autres techniques ont aidé aux aveux. Quand il n'a plus voulu coopérer, le commissaire lui a placé sous les yeux des photos de deux ou trois cadavres criblés de balles. Il lui a affirmé qu'ils avaient été tués car ils ne voulaient pas parler eux non plus. Kasab commençait à se montrer arrogant, il est devenu plus conciliant.

Un mois plus tard, le commissaire a emmené son prisonnier toujours récalcitrant à la morgue. Il lui a

1. *The Verve Magazine*, juin 2010, art. cité.

désigné les neuf corps de ses complices, tous dans un état pitoyable. Le Pakistan n'a reconnu leur nationalité qu'en février 2009, l'Inde leur refusait une sépulture. Les cadavres sont restés à la morgue jusqu'en janvier 2010, pour être ensuite discrètement enterrés dans un endroit secret.

Kasab a blêmi. Les chefs du Lashkar-e-Taiba lui avaient fait miroiter, comme aux autres membres du commando, que, comme tout martyr, après sa mort, il irait au paradis, que son visage s'illuminerait. Il n'a pas supporté les corps criblés de balles de ses compagnons d'infortune, leurs visages décomposés, l'odeur pestilentielle qui s'en dégageait.

Au bord de la nausée, il a demandé à sortir. Puis il est revenu dans le bureau du commissaire :

« Alors tu as vu leurs visages briller comme la lune ? Tu as senti ce parfum suave ? »

Kasab n'a pas pu répondre.

Rakesh Maria reste courtois, mais il s'impatiente parfois, surtout quand je répète mes questions. Il nous a expliqué avec force détails le déroulé des opérations à l'hôtel Oberoi, et comme je ne comprends toujours pas, ou peut-être ne veux-je pas comprendre, il esquisse un petit croquis où il indique en pointillé le trajet des terroristes. On dirait le dessin d'un élève de maternelle.

Sur le moment, le plan me semble lumineux. Je pense qu'il va m'être utile quand je retournerai à l'Oberoi. Mais les gribouillis sont incompréhensibles.

J'ai gardé précieusement le dessin, comme si c'était l'autographe d'une rock star.

À la fin de l'entretien, je lui parle de Loumia et de Mourad, « the French people who were killed at the Oberoi ».

Il a une petite mimique fataliste.

« Les gens n'étaient pas supposés être dehors. La télévision diffusait en direct un match de cricket très important entre l'Inde et l'Angleterre. »

Tant pis pour ceux qui n'aimaient pas le cricket.

Avant de nous raccompagner à la porte, il nous raconte l'histoire de cet avocat qui a raté son train de retour pour Hyderabad. Pour retourner à son hôtel, il a hélé un taxi qui a explosé dix minutes plus tard au nord de la ville. Les terroristes l'ont pris pour se rendre à la gare et ont placé une bombe sous le siège du conducteur.

Rakesh Maria termine son récit avec un petit air affligé. Le destin, insiste-t-il, lui dont le boulot consiste précisément à lutter contre.

19

La naissance de la haine

À l'été 2007, Loumia et Mourad, nouveaux habitants de Bandra, organisent leur vie quotidienne : la rentrée des enfants, la location d'un bureau pour Mourad, l'inscription au club de loisirs de Breach Candy, les contacts de travail, les relations de voisinage. Une joyeuse routine se met en place.

En décembre de la même année, à des centaines de kilomètres de là, un commando de futurs terroristes entame un programme d'entraînement intensif dans les montagnes du Cachemire pakistanais.

Objectif : l'Opération Bombay.

Inconscients du danger, Loumia et Mourad vont être pris au piège dans l'un de ces nœuds inextricables dont l'Histoire et la politique ont le secret.

Au début de mes recherches, je ne connais pas grand-chose au Cachemire ni au Lashkar-e-Taiba, cette organisation terroriste pakistanaise. Pour essayer de comprendre, il faut reprendre l'histoire des relations entre l'Inde et le Pakistan. Elles débutent à l'été

1947, quand ces jumeaux fratricides voient le jour dans la douleur et dans le sang.

« Une monstrueuse vivisection[1] », avait prédit Mohandas Gandhi. Toute sa vie, le Mahatma plaida pour l'harmonie des religions, l'émancipation de son pays par la non-violence. Des milliers de fidèles suivaient sa silhouette malingre, enroulée dans un dhoti blanc. Mais cette fois, l'icône universelle ne fut pas écoutée.

Le 18 juillet 1947, l'adoption par le Parlement britannique de l'Indian Independence Act signe l'échec d'un combat de toute une vie pour la paix. Son adversaire politique, Muhammad Ali Jinnah, leader de la Ligue musulmane, a gagné. Il réclame la partition parce qu'il considère que les musulmans et les hindous « forment deux nations distinctes et appartiennent à des civilisations différentes fondées sur des conceptions et des idées opposées ». Dans les faits, ils ne peuvent pas vivre ensemble.

C'est à la fois très vrai et très faux. Et je veux aussi croire ce qu'écrit Amitav Gosh, cet immense écrivain indien, lorsqu'il parle des relations entre les deux peuples[2] : « Quand des Indiens visitent le Pakistan (et réciproquement), il se produit souvent une réaction alchimique, quasi magique : [...] la chaleur humaine, l'hospitalité, l'intensité de l'émotion, l'impression de plonger dans une mémoire à demi morte, les dialogues avec des étrangers qui démarrent

1. Henri Tincq, *Le Monde*, 4 août 2007.

2. Amitav Gosh, *Compte à rebours*, Philippe Rey, 2004.

en milieu de phrase comme on reprend une conversation interrompue… »

Mais il n'y a rien à faire contre l'hostilité viscérale engendrée par les religions et la détestation quasi universelle du voisin. Surtout quand il vous ressemble comme un frère. La République islamique du Pakistan, « le pays des purs », en ourdou et en persan, naît le 14 août 1947. Le nom, inventé en 1933 par un poète, est l'acronyme de Pendjab, Afghanistan, Kashmir, Sind et Baloutchistan.

Le lendemain, 15 août, la République de l'Inde, démocratie multiculturelle et laïque, est créée. En guise de cadeau de rupture, les Anglais ont tracé des frontières à la hache, divisé des villages, des communautés, des familles. Le Bengale et le Pendjab sont partagés entre les deux nouveaux pays. Un million de morts, six millions d'Indiens musulmans déplacés vers le Pakistan, neuf millions d'hindous et de sikhs qui font le trajet inverse, des files démesurées de réfugiés aux frontières. Séparations, massacres, viols, tortures, l'horreur au quotidien.

Avant cela, le XXe siècle a déjà largement eu son compte de tragédies, un génocide en Arménie, deux guerres cataclysmiques, l'holocauste des Juifs en Europe, plusieurs bombes atomiques sur le Japon. Il faudra au moins trois générations pour pardonner ces violences extrêmes, sans pour autant les oublier.

En Inde et au Pakistan, trois générations ne suffiront pas.

Le Cachemire est le lieu même où se cristallise une haine, immédiate, incandescente, réciproque, que rien ne peut conjurer. Cette principauté autonome, à large majorité musulmane, gouvernée par un maharadjah hindou[1], est située dans les contreforts de l'Himalaya. Au pied des sommets, les eaux bleues des lacs reflètent les pics enneigés. Mais ses forêts, ses rivières, ses vallées bucoliques ne connaîtront plus jamais la paix.

Les deux pays revendiquent l'administration du territoire, l'Inde au nom de la nouvelle république multiethnique, le Pakistan, au nom du rassemblement de tous les musulmans en son sein. Le Cachemire a le droit de choisir son camp. Malgré les menaces armées du Pakistan, le maharadjah se rallie à l'Inde.

La guerre est déclarée. D'octobre 1947 à mars 1948, l'Inde et le Pakistan se combattent, ajoutant un peu plus de confusion au chaos ambiant. Après un cessez-le-feu et pas mal de discussions difficiles, l'Inde contrôle désormais le Jammu-et-Cachemire, à majorité hindoue. Les Pakistanais gardent l'Azad Cachemire et les provinces du Nord, mais ne s'en satisfont pas. Les Chinois, frontaliers, administrent la région de l'Aksai Chin. Dans le traité de paix, l'ONU prévoit qu'un référendum d'autodétermination devra être organisé par l'Inde. Il ne se fera jamais.

1. En 1846, l'Empire britannique a vendu le Cachemire à un chef de guerre hindou alors que sa population est en grande majorité musulmane.

Trois autres guerres suivent, en 1965, 1971 et 1999, toutes gagnées par les Indiens, entrecoupées d'innombrables escarmouches aux frontières et d'envois réguliers de troupes indiennes. En six décennies, le conflit fait plus de soixante mille victimes des deux côtés. Depuis 1998, les deux pays possèdent l'arme nucléaire.

Le Cachemire est désormais un symbole d'identité nationale pour chacune des deux parties qui campent sur leurs positions. L'atmosphère reste tendue. À la fin des années quatre-vingt, les services secrets pakistanais (ISI[1]) relancent une guérilla par procuration, sur le sol du Cachemire indien. Pour ce faire, ils soutiennent l'émergence de groupes terroristes. La plupart de leurs membres sont des moudjahidine désœuvrés qui ont combattu les Soviétiques en Afghanistan, et se sont repliés au Cachemire voisin, qui devient l'un des hauts lieux du djihad.

Le Lashkar-e-Taiba est l'un d'entre eux.

« C'est l'organisation la plus proche de l'ISI, une sorte de "joint venture" », m'explique Christophe Jaffrelot[2].

Ce spécialiste reconnu de l'Asie du Sud-Est est intarissable sur les deux pays qu'il connaît bien pour y avoir séjourné souvent et leur avoir consacré nombre

1. Inter Service Intelligence.

2. Chercheur au CNRS, professeur invité au King's Collège de Londres et à Princeton University.

d'ouvrages[1]. Il m'a donné rendez-vous dans un café près de la Fondation des Sciences politiques où il a son bureau. Le regard vif sous des lunettes encadrées d'acier, il a le débit rapide, l'aisance, la limpidité du prof qui maîtrise son sujet.

Le Lashkar-e-Taiba a été créé en 1987, presque en même temps que Princesse tam.tam. Le rapprochement s'impose tout de suite, ce sont deux mondes opposés, qui jamais n'auraient dû se croiser. Deux de ses fondateurs sont des intellectuels salafistes pakistanais nés au Pendjab. Hafiz Mohammad Saeed a été professeur d'études islamiques à l'université de Lahore avant de rejoindre les moudjahidine en Afghanistan. Zaki ur-Rehman Lakhvi a dirigé des actions militaires en Tchétchénie, au Cachemire, en Irak. Le troisième comparse, Abdullah Azzam, un Palestinien, a été le mentor d'Oussama Ben Laden, dans la lutte contre les Soviétiques en Afghanistan.

Appelé d'abord Markaz al Dawa wal Ishad, le mouvement est rebaptisé Lashkar-e-Taiba, « L'Armée des Purs », au début des années quatre-vingt-dix. Il installe ses quartiers généraux à Muridke, dans la banlieue de Lahore. À peu près au même moment, Ben Laden crée al-Qaida[2].

En deux décennies, à peine, le Lashkar-e-Taiba est devenu une organisation à trois facettes. Au Pakistan,

1. *L'Inde contemporaine de 1950 à nos jours*, Fayard, 1996, réédition, 2007. *Le Syndrome pakistanais*, Fayard, 2013.

2. 1988.

c'est une œuvre de bienfaisance. Au Cachemire indien et dans sa région, un groupe de guérilla. En Inde et dans le reste du monde, un réseau terroriste.

Son premier objectif est la lutte contre l'occupation indienne du Cachemire. Son deuxième objectif, exacerbé par les persécutions dont sont victimes les musulmans[1], est la domination de l'Inde : le Lashkar-e-Taiba voudrait retourner au royaume du Grand Moghol. Sous l'influence d'al-Qaida, qui a financé en partie sa création, le troisième objectif est le djihad global. En 1998, les deux organisations ont créé un front islamiste international pour lutter contre l'Occident et Israël.

Le Lashkar-e-Taiba entretient avec l'ISI et al-Qaida, ses deux parrains, une relation presque symbiotique. La proximité est tout aussi forte avec l'armée dont le recrutement, comme celui du Lashkar, se fait au Pendjab. Dans les familles, il n'est pas rare de voir se côtoyer des terroristes et des militaires. D'anciens officiers à la retraite ont rejoint indifféremment al-Qaida ou l'ISI.

Ces ramifications complexes expliquent l'ampleur des attentats de Bombay, où des éléments disparates vont venir s'imbriquer les uns dans les autres.

---

1. En 1993, les émeutes antimusulmans à Bombay causent plus de 1 000 morts. En 2002, les violences dans le Gujarat font 2 000 victimes. À l'époque, Narendra Modi, l'actuel Premier ministre indien, en est le gouverneur, on l'accuse d'avoir laissé faire.

Après le 11 septembre 2001, George Bush exige auprès de Pervez Mucharraf la dissolution du Lashkar-e-Taiba. Le président pakistanais veut donner des gages de bonne volonté à l'allié américain, montrer qu'il combat aussi le terrorisme. Il obtempère. Désormais hors la loi, le groupe transfère son siège à Muzzafarabad, au Cachemire, et réapparaît tout de suite à Muridke, au Pakistan, sous le nom de Jamaat-ud-Dawa.

Officiellement, c'est une organisation charitable, non violente et très populaire, qui administre un réseau d'hôpitaux et d'écoles islamiques, s'occupe des pauvres, a joué un rôle actif lors du tremblement de terre de 2005, au Cachemire pakistanais. Tout cela se fait avec la bénédiction du gouvernement. Dans l'ombre, le Lashkar, sa branche armée, devient un centre d'apprentissage pour les djihadistes. Depuis le 11 septembre 2001, plus de cent mille volontaires du monde entier se sont entraînés dans les camps proches de la frontière de l'Afghanistan et des régions tribales.

Dès sa création, le Lashkar-e-Taiba a attaqué des douzaines de cibles indiennes au Jammu-et-Cachemire. À partir de 1999, il commet des attentats suicides en Inde, à la manière des fedayins : en décembre 2001, le Parlement de New Delhi ; en août 2003, la porte de l'Inde à Bombay ; en juillet 2006, les gares. Sans compter des centaines d'autres attaques, moins spectaculaires. À Londres, en 2005, c'était aussi le Lashkar.

Stephen Tankel, professeur à l'American University, spécialiste du terrorisme en Asie du Sud-Est, considère que le groupe est aujourd'hui l'une des organisations terroristes les plus dangereuses au monde[1]. Il n'est pas le seul.

Après juillet 2006, le Lashkar réfléchit au coup suivant. Ses chefs, appuyés par l'ISI, voudraient ressouder le groupe, que les divisions internes pourraient faire éclater. Pour rétablir la cohésion, l'idée d'une action de grande envergure contre l'Inde prend forme peu à peu. Une attaque ambitieuse, à la façon d'un nouveau 11 Septembre, permettrait de réconcilier les factions antagonistes sur le dos des ennemis de l'islam.

En outre, depuis l'arrivée de Mucharraf au pouvoir, le processus de paix a repris entre l'Inde et le Pakistan. Il devient urgent de l'arrêter : la meilleure façon serait une nouvelle guerre de représailles qui pourrait dégénérer en conflit nucléaire, et pourquoi pas mondial. C'est l'idée d'al-Qaida.

« Si vous voulez paralyser l'Inde, alors attaquez Bombay », nous a dit Rakesh Maria. Mieux encore, concentrez-vous sur son épicentre, Colaba, le cœur financier, culturel et artistique du pays. Là où Loumia aime tant flâner, boire un verre, découvrir les nouvelles boutiques, dîner dans les restaurants à la mode, respirer le fameux « *Spirit of Bombay* ».

---

1. *Storming the World Stage: The Story of Lashkar-e-Taiba*, Columbia University Press, July 2011.

Le scénario qui se dessine est pensé comme un thriller, destiné à impressionner le monde. Pour le mener à bien, le Lashkar a besoin d'un complice hors du commun.

20

L'agent trouble

Cet homme existe. Il s'appelle David Headley.

De son propre aveu, son rôle dans les attentats de Bombay a été déterminant. Sans lui, sans ses minutieux repérages de la ville, sans ses fréquentes reconnaissances des cibles, tout aurait été différent. Loumia et Mourad seraient peut-être encore vivants. Mais on ne peut pas refaire l'histoire.

Le signe distinctif de Headley, un œil marron et l'autre bleu, affiche d'emblée sa dualité. Double nationalité, double culture, double personnalité. Agent double aussi, pour le compte des États-Unis et de l'ISI, et quoi qu'il en soit, un agent trouble.

C'est un personnage fascinant, un « ovni » dans ce paysage de barbus, un génie du mal au parcours romanesque. Au fil des ans, Headley va révéler toute la complexité de ses facettes. Manipulateur et menteur, charmeur et homme à femmes, tricheur et acteur hors pair, drogué et dealer. Trahir est un réflexe tellement ancré en lui qu'on ne sait plus à la fin qui il trahit et pour qui. Du reste, le sait-il lui-même ?

Quand il naît à Washington en 1960, il ne s'appelle pas encore David Headley, mais Daood Gilani. Serril Headley, sa mère, Américaine de Philadelphie, est une riche héritière en rupture de milieu. Syed Saleem Gilani, son père, Pakistanais d'une bonne famille de Lahore, est un journaliste cultivé et raffiné. Ses grands-parents paternels ont été chassés de leur ville natale, lors des massacres de la partition. À la table familiale, la plupart des conversations tournent autour de ce drame. Enfant, Daood-David est très impressionné. Il déteste l'Inde.

Ses parents s'installent à Lahore après sa naissance. Il a six ans quand ils se séparent. Sa mère retourne aux États-Unis, sans lui. À l'adolescence, son père l'inscrit dans une école militaire d'élite. Il y poursuit une scolarité médiocre, se lie avec Tahawwur Rana qui devient son meilleur ami et, plus tard, son complice. Sa haine contre l'Inde s'accroît lorsque son collège subit un bombardement de l'aviation indienne en 1971, au cours d'un conflit entre les deux pays.

Quand il a dix-sept ans, sa mère le fait venir à Philadelphie, où elle a ouvert un bar, le Khyber Pass. Le retour est problématique. Au choc des cultures s'ajoutent les conflits avec cette belle femme blonde dont il trouve les mœurs trop dissolues.

Daood est un type séduisant. Grand, bien habillé, des cheveux blonds flottant sur ses épaules, il a de l'aisance et du style. On le surnomme « le Prince ». Sa mère l'idolâtre. Son père prend ses distances avec lui, sans doute déçu par ce fils narcissique, à la fois jouisseur et dogmatique, déjà très imprégné par l'islam.

Le jeune homme est surtout perturbé. Américain ? Pakistanais ? Il ne parvient pas à choisir entre ses deux identités, ni, surtout, entre ses deux cultures. À Philadelphie, il fréquente des dealers pakistanais, devient accro à l'héroïne. À Lahore, il retrouve son ami Rana, étudiant en médecine dans une école militaire. Il le persuade de l'accompagner dans les zones tribales pour rapporter de la drogue. Il pense que les papiers de Rana, marqués du tampon de l'armée, empêcheront la police de le fouiller.

Headley est pourtant arrêté à deux reprises. D'abord à Lahore et Rana, en bon copain, hypothèque sa maison pour payer la caution. Ensuite, à l'aéroport de Francfort, en 1988. En transit pour Philadelphie, il transporte deux kilos d'héroïne dans ses bagages. Headley excelle déjà à retourner les situations en sa faveur. Il dénonce ses complices, offre à la DEA[1] de coopérer dans la chasse aux trafiquants. Il bénéficie d'une réduction de peine, quatre ans de prison au lieu de dix, et bientôt, il est libéré sous surveillance.

Envoyé par la DEA au Pakistan pour espionner les réseaux de trafiquants, il réussit à en faire capturer un certain nombre. Mais il est de nouveau arrêté aux États-Unis pour trafic de drogue et passe plusieurs mois en prison. À sa sortie, il s'installe à New York où il ouvre un vidéoclub.

---

1. Drug Enforcement Administration.

En 1999, on l'autorise à se rendre au Pakistan pour épouser Shazia. Leur union a été arrangée. Il aura quatre enfants avec elle, dont l'un prénommé… Oussama. Elle reste à Lahore avec sa famille. Il revient à New York et reprend ses deux jobs, vendeur de vidéos et informateur. Il ne lâche pas la drogue.

L'année suivante, Headley retourne au Pakistan sans l'autorisation de la DEA. À Lahore, il fréquente une mosquée annexée par les prédicateurs du Lashkar-e-Taiba. C'est là qu'il rencontre Hafiz Saeed, son fondateur, devenu l'*amir*[1] de la Jamaat-ud-Dawa. Lors d'un prêche, une des phrases de Saeed lui va droit au cœur : « Une seconde de djihad vaut cent ans de prières et de pratique religieuse. »

Ces quelques mots vont décider de son destin. Il explique à Saeed qu'il entend mettre en gérance son magasin de New York et donner tout son argent au djihad. Saeed refuse sa proposition. Sans doute Headley est-il trop blanc et trop blond. Il doit encore faire ses preuves.

De retour à New York, il rencontre Portia Peter, une Canadienne, à laquelle il ne souffle mot de son mariage avec Shazia. Ils s'installent ensemble. Le 11 septembre 2001, ils sont, comme tout le monde, scotchés devant leur écran de télévision. Le spectacle du World Trade Center en flammes lui arrache des cris de joie. Horrifiée, Portia le dénonce au FBI.

1. Chef.

Interrogé par deux agents du contre-terrorisme, Headley explique sans se démonter qu'il travaille pour le gouvernement américain. On le laisse en liberté.

À la demande de la DEA, il recentre désormais ses informations sur le terrorisme et les activités du Lashkar qu'on lui demande de surveiller de près. De ce fait, il séjourne plus souvent au Pakistan.

À Lahore, Headley s'est fait un nouvel ami, Pasha, un ancien officier salafiste, qui a quitté l'armée pour rejoindre les talibans en Afghanistan. Pasha a aussi entraîné un grand nombre de combattants du Lashkar pour des opérations de fedayins. Les deux hommes se voient fréquemment.

Entre 2001 et 2003, Headley effectue cinq stages d'entraînement militaire dans les camps du Lashkar, près de Muzzafarabad. Un de ses instructeurs n'est autre que Zaki ur-Rehman Lakhvi, le chef militaire de l'organisation qu'il a fondée avec Hafiz Saeed. Il apprend à se battre, est initié au salafisme et au djihad, sa haine de l'Inde s'intensifie encore.

Galvanisé, Headley se laisse pousser la barbe, porte le *shalwar kameez*, ne boit plus d'alcool, prie cinq fois par jour. En avril 2003, il estime qu'il est devenu un guerrier, et demande à Lakhvi de l'envoyer se battre au Cachemire. Mais c'est non. Headley n'a vraiment pas le profil idéal : plus âgé que la moyenne des recrues, il suit difficilement les entraînements.

Ses voyages à New York se font plus rares, il reste là-bas moins longtemps. Chaque fois qu'il revient, sa mère s'inquiète de son apparence et de ses propos. Elle finit par se confier à un ami, qui alerte le FBI.

Une autre enquête est diligentée, aussi vite enterrée que la précédente.

Bien sûr, Headley est bizarre, un peu fou, pas fiable, ingérable. Mais il est efficace. Il apporte des informations auxquelles les services de renseignement ne pourraient pas avoir accès. Depuis le 11 Septembre, des informateurs comme lui leur sont d'une importance cruciale. Les agences d'espionnage sont habituées aux excentriques. Ce sont eux qui font le meilleur job.

Un type hors du commun, c'est sûr : en 2002, il a épousé Portia, à la Jamaïque. Elle ne connaît toujours pas l'existence de son autre famille. Son mari cloisonne soigneusement toutes ses vies. Mais ce hâbleur ne peut pas s'empêcher de parler. Il lui confie pas mal de détails sur son entraînement.

Portia ne supporte plus ses trop fréquents séjours au Pakistan. En 2005, au cours d'une de ses absences, elle appelle son beau-père, à Lahore, qui lui révèle la vérité. Son fils est marié avec Shazia dont il a déjà deux enfants. Au retour de Headley, le couple se dispute sauvagement. Pour se venger, Portia révèle à la police ce que son mari lui a raconté sur les camps du Lashkar. Elle l'accuse aussi de violences, ajoute qu'il est antisémite, antihindou, insinue qu'il est sans doute un terroriste.

Les services du contre-terrorisme interrogent Headley à plusieurs reprises. Il met une fois de plus en avant son statut d'agent du gouvernement. Il fait aussi valoir son amitié avec Pasha, qui lui permet, dit-il, d'avoir accès à al-Qaida. Du reste, il donne de plus en plus d'informations, ce qui rend son discours crédible. Le FBI clôt l'enquête.

L'occasion de travailler pour le Lashkar se profile enfin. En 2004, à Lahore, Headley rencontre Sajid Mir, un de ses cadres. D'origine pendjabi, sa famille a subi des violences lors de la partition : la haine de l'Inde est un point commun entre les deux hommes. Salafiste fervent, Mir a rejoint le Lashkar très jeune, après un passage dans l'armée pakistanaise. Il fait surtout partie de cette génération qui veut prendre ses distances avec la guérilla au Cachemire et réfléchir au djihad global, à l'instar d'al-Qaida.

Parlant couramment l'ourdou, l'arabe et l'anglais, Mir est en charge des opérations internationales, c'est-à-dire des attaques à l'étranger. Il supervise aussi la formation des aspirants djihadistes, venus s'entraîner dans les camps du Lashkar. Parmi eux, Willie Brigitte, un Français. Au cours de l'année 2003, Mir l'a envoyé en Australie en repérage pour de futurs attentats, mais avant qu'il ait pu accomplir sa mission, il a été arrêté et extradé en France.

Lors de son interrogatoire mené par Jean-Louis Bruguière, le juge antiterroriste, Willie Brigitte révèle les ambitions internationales du Lashkar-e-Taiba. En 2006, Bruguière, fort des aveux du prévenu, demande un mandat d'arrêt contre Sajid Mir. En 2007, le procès des deux hommes a lieu en France. Mir est condamné à dix ans de prison par contumace.

L'été où Loumia et Mourad s'installent à Bombay, Jean-Louis Bruguière rencontre, aux États-Unis, un haut fonctionnaire chargé de la sécurité dans l'administration Bush. Il fait valoir la menace que constitue le Lashkar-e-Taiba, se dit préoccupé par le double jeu du Pakistan, annonce de probables attentats en Inde. Le Lashkar n'est plus seulement un outil de l'ISI, plaide-t-il, mais un allié d'al-Qaida dans le djihad mondial. Il ne réussit pas à convaincre son interlocuteur.

Jean-Louis Bruguière a du flair. C'est Sajid Mir qui, le premier, en 2006, imagine l'Opération Bombay. Quand Headley lui fait part de sa volonté de combattre, Mir lui propose de partir en Inde afin d'évaluer les cibles de futurs attentats. Headley ressemble à un Américain, il parle l'anglais et l'ourdou, peut se fondre sans se faire remarquer dans la clientèle des grands hôtels de luxe, ce qui serait impossible à n'importe quel autre membre du Lashkar. Il est la recrue idéale, et il le sait.

Il faudra à Sajid Mir quelques mois pour mettre en place le mécanisme. Il lui faut d'abord convaincre les autres dirigeants du Lashkar et les cadres de l'ISI. D'autant que le projet est encore un peu flou dans l'esprit de son concepteur.

À la fin de l'année 2007, il va prendre toute son ampleur.

En 2006, Headley reprend ses petits trafics de drogue et entraîne son ami Pasha avec lui. Ils sont arrêtés près de la passe de Khyber, entre l'Afghanistan et le Pakistan, emmenés dans une maison isolée où ils rencontrent un officier de l'ISI. Pour se sortir de ce mauvais pas, Headley raconte son association avec le Lashkar et ses futurs repérages à Bombay. L'officier lui demande s'il veut travailler aussi pour le compte de l'ISI. Bien entendu, Headley accepte.

À Lahore, il est contacté par le major Iqbal, un officier de l'armée, membre de l'ISI. Iqbal est très intéressé par l'Opération Bombay. Il veut en être. Les deux hommes se revoient. Iqbal l'envoie suivre des cours d'espionnage. Headley est enchanté.

C'en est fini de Daood Gilani, du moins officiellement. Pour passer inaperçu en Inde, il troque son nom pakistanais pour celui de David Coleman Headley, deux patronymes empruntés à sa mère et à son grand-père. Avec son passeport américain, le changement se fait aisément. Pour sa famille et ses amis, il reste cependant Daood.

Il revient à Lahore, revoit séparément le major Iqbal et Sajid Mir. Tous les deux deviennent ses référents pour l'Opération Bombay.

Headley n'a encore jamais mis les pieds en Inde. Son premier voyage a lieu en septembre 2006. Il prend une chambre dans un hôtel modeste du quartier du Fort, au sud de Bombay. Avec les vingt-cinq mille dollars que le major Iqbal lui a donnés, il ouvre un comptoir d'immigration dans un quartier commercial de Bombay. C'est une succursale de l'agence que son vieil ami Rana a créée à Chicago, après avoir déserté l'armée pakistanaise. Pourtant, lors de son procès, à Chicago, en juin 2011[1], Rana clamera qu'il n'était au courant de rien.

Headley embauche une secrétaire qui tiendra l'agence toute seule. Lui n'y va presque jamais. Il passe cependant des publicités dans certains journaux et attire quelques vrais clients. Son véritable bureau se trouve dans le sud de la ville, d'où il peut envoyer discrètement des mails à Sajid Mir et à Iqbal. Ce dernier lui a demandé de pénétrer la haute société de la ville et, somme toute, la mission n'est pas si désagréable. Headley n'aime pas les Indiens, mais la vie en Inde ne lui déplaît pas.

Il s'inscrit à un club de gym où viennent s'entraîner des starlettes de Bollywood, se lie d'amitié avec le fils d'un acteur de cinéma et un coach sportif en vogue. Il fait de l'hôtel Taj Mahal son quartier général, charme les employés, offre du champagne. Les clients l'aiment bien, il est cool, sympa, marrant, tchatcheur, il plaît aux femmes ; il a aussi un look incroyable, avec sa queue-de-cheval, ses vêtements de marque et la Rolex qu'il arbore au poignet.

Discrètement, Headley part en reconnaissance. Il visite l'hôtel des dizaines de fois, prend des centaines de photos et de films, note chaque détail. Le Taj Mahal, pièce maîtresse du dispositif, accueille de nombreux congrès consacrés à la défense militaire indienne. Mir en réclame les dates, les horaires, les noms des participants, avec l'idée de prendre des otages.

1. Rana est arrêté en 2009 avec Headley à l'aéroport de Chicago.

Entre 2006 et 2008, Headley se rend cinq fois en Inde, à partir du Pakistan. Son agence lui permet de circuler d'un pays à l'autre, sans éveiller les soupçons. Avant chaque voyage, les membres du Lashkar lui donnent leurs instructions afin de reconnaître les cibles potentielles. Au retour, il repasse par le Pakistan et fait son rapport à Sajid Mir et au major Iqbal. Tous les deux sont en relation constante.

Au début de l'année 2007, avant son deuxième voyage en Inde, Headley a épousé au Pakistan Faiza Outalha, une jeune étudiante marocaine, alors même que sa première épouse, Shazia, est enceinte de leur troisième enfant. À nouveau, il ne dit rien aux deux femmes, qui finissent par découvrir qu'il est plusieurs fois marié. Il réussit à calmer leur colère.

En mars, il repart à Bombay avec Faiza. Il prend une chambre au Taj mais il réalise assez vite son erreur. Par amour pour lui, sa jeune épouse, plutôt occidentale dans ses manières, a accepté de se voiler après leur mariage. À présent, elle refuse d'enlever son hijab. Cette épouse musulmane ne colle pas avec le David Headley apprécié par ses amis fêtards. Il leur fait croire qu'elle est une simple cliente de l'agence. Mais l'apparence de Faiza est bien utile pour visiter l'hôtel avec elle, sans attirer les soupçons.

Le couple ne va pas très bien. En janvier 2008, une violente dispute éclate entre eux, une de plus. Faiza dénonce son époux à l'ambassade américaine d'Islamabad. Elle déballe tout, son implication avec le Lashkar, ses repérages au Taj dont il lui a avoué qu'il s'agissait d'une mission secrète. Mais elle n'est pas prise au sérieux. Les agents américains trouvent que son témoignage manque de preuves.

Elle revient à la charge, en avril 2008, puis en septembre 2008 après une autre querelle, tout aussi violente. Cette fois, Headley l'a frappée, menacée d'un revolver et chassée de leur domicile. Faiza va voir la police pakistanaise et porte plainte. Elle accuse son mari d'être un terroriste, un espion et un dealer, raconte ses fréquents séjours en Inde. Elle dit surtout qu'elle ne comprend plus rien à l'homme qu'elle a épousé, à la fois fan de Bruce Springsteen et proche d'al-Qaida. La schizophrénie de Headley finit par intriguer les officiels américains qui le retiennent huit jours en prison. Il doit sa libération à l'intervention d'Iqbal.

C'est là que le sort s'acharne, qu'on se demande aussi pourquoi les avertissements de sa mère, les plaintes de ses deux épouses, n'ont pas alerté plus vite et plus sérieusement les services secrets américains. Headley est-il un agent double qui travaille aussi pour le compte du contre-terrorisme ? C'est la thèse de nombreux hauts responsables indiens qui se sont demandé, après coup, s'il n'a pas été, à partir de 2008, l'informateur des agences américaines qui leur répercutaient ses révélations. Mais celles-ci n'ont pas voulu dévoiler leurs sources.

Il est possible aussi que les déplacements et les communications de Headley aient été surveillés de près par les services secrets, qui en auraient tiré des informations sur le futur complot, sans comprendre toutefois à quel point leur agent était lui-même impliqué.

À partir de mars 2008, le calendrier se précise. Le scénario aussi. Au cours d'une réunion spéciale avec les cadres du Lashkar, Headley rencontre un homme-grenouille qui appartient à la marine pakistanaise. Pour la première fois, l'arrivée d'un commando par la mer est évoquée. Headley est chargé de trouver le meilleur endroit pour le débarquement. De retour à Bombay, il arrête son choix sur Badhwar Park, le village de pêcheurs de Cuffe Parade.

Le major Iqbal multiplie les demandes et Headley s'empresse de les satisfaire. Il effectue des repérages à la gare de Chhatrapati Shivaji. La cible est retenue après une discussion serrée entre les comploteurs car la probabilité de tuer de nombreux musulmans est très forte. Mir veut les horaires des trains. À ce moment-là du complot, il est obsédé par l'idée que les terroristes pourront s'en sortir. Il pense qu'ils pourront se fondre dans la foule et voyager jusqu'au centre de l'Inde, où ils se cacheront un long moment.

Headley ne se contente pas d'obéir. Il s'est piqué au jeu, prend des initiatives. Il suggère le café Léopold, note un certain nombre de cibles potentielles, dont la Bourse de Bombay, écarte la synagogue Knesset Elyahu qui n'est pas fréquentée par des Israéliens, mais par des Juifs de Bombay, la nuance est subtile.

Mir a alors l'idée d'attaquer le centre communautaire juif, Chabad House, dont il pense qu'il est une couverture pour le Mossad. Iqbal, très heureux d'apprendre que la Chabad House a été retenue, voudrait que les terroristes prennent des otages israéliens pour exiger la libération de prisonniers palestiniens. Mais c'est juste un prétexte.

En juin 2008, le hasard souffle à Headley l'attaque de l'Oberoi. Après sa visite à la Chabad House, il a envie de se détendre et décide d'aller au cinéma de Marine Drive, situé à côté de l'hôtel. Il a une heure d'avance. Il en profite pour se promener un peu.

Il entre dans le hall, visite les galeries marchandes, les bars, les restaurants, repère les ascenseurs, les toilettes, note, photographie, filme, dessine. Il propose à Mir et à Iqbal d'ajouter le palace sur la liste. L'accès est simple, leur dit-il, il suffit d'amarrer un canot à moteur sur la jetée, en face de l'hôtel.

La jetée. Celle des amoureux qui s'enlacent et des vols d'oiseaux dans la brume tremblante. Headley ne les a sans doute pas remarqués, il se fiche bien de la beauté, il ne pense qu'à son idée, qu'il trouve sans doute remarquable. Il vient de signer par procuration la mort de trente-quatre personnes. Dont celle de Mourad et de Loumia.

21

L'entraînement

En septembre 2008, Loumia est revenue à Bombay, nous commençons une correspondance sur Facebook. Elle espère me revoir en Inde, pour « une aventure spirituelle ». Quelques semaines plus tard, je lui confirme ma venue au mois de novembre. J'écris : « J'arrive ! » en lettres capitales. Elle me répond tout de suite : *Namashkar*[1].

Nous lançons des idées dans tous les sens, visiter des villages près de Mysore, aller voir une ONG dans le Gujarat, qui enseigne les nouvelles technologies aux jeunes filles. Je vais en rencontrer la fondatrice au Women's Forum.

Nous parlons vaccinations et moustiques. Elle regrette que mon séjour ne coïncide pas avec les grandes festivités d'octobre qui durent jusqu'à *Diwali*[2]. Elle assure que nous allons bien nous amuser.

---

1. Bonjour.
2. Fête des Lumières, très importante en Inde.

Je lui écris que j'ai envie de couleurs, Paris est décidément trop triste. Je lis des romans indiens, je dévore le *Lonely Planet*.

Je ne pense qu'à ce voyage.

À des milliers de kilomètres de Paris et de Bombay, se trouve Faridkot, un petit village situé au sud du Pendjab, près de la frontière avec l'Inde. Ni l'une ni l'autre n'en avons jamais entendu parler. Le Pakistan est loin de nos préoccupations. Nous ignorons que, dans cette région, le djihad est plus populaire que le foot ou le cricket, qu'un djihadiste est plus adulé qu'une star de Bollywood.

D'ailleurs, qui s'intéresse ici à Bollywood ? Le Lashkar-e-Taiba qui quadrille le terrain vous promet des sensations autrement fortes. Quand Hafiz Saeed, son chef, entreprend sa tournée de propagande sous couvert de son organisation caritative, il est accueilli comme un demi-dieu.

Les jeunes du coin peuvent bien essayer de s'en sortir, ils n'ont aucune chance de se dépêtrer de la misère, collante comme la boue des chemins sous leurs pieds nus. Il y a cent ans, presque au même endroit, cette pauvreté sans espoir était le terreau de l'exil. Aujourd'hui, c'est celle du terrorisme.

Les posters des combattants morts pour la cause, affichés sur les murs des immeubles, voisinent avec d'énormes graffitis bombés de noir : « Rejoignez le djihad. Rejoignez le djihad. » Mourir pour la cause, c'est ce qui peut arriver de mieux. Que pourrait-on rêver de plus grandiose ? Et surtout, que pourrait-on rêver d'autre ?

C'est à Faridkot que Mohammed Ajmal Amir Kasab est né le 13 juillet 1987. C'est le troisième enfant d'une fratrie de cinq, le fils préféré de sa mère qui le trouve plus beau que les autres. La maison comprend juste une pièce unique pour dormir à six, sans toilettes ni eau courante, avec une seule lampe à pétrole pour tout éclairage. Le père, un homme doux, peu religieux, est parti tenter sa chance à Lahore, où il a trouvé un travail d'aide-cuisinier. La mère tient la maison et élève les enfants avec l'argent que lui envoie son mari.

Kasab est petit, musclé, déjà rebelle. Il donne du fil à retordre à tout le monde, n'aime pas du tout l'école qu'il quitte à treize ans. Il préfère traîner avec des voyous, ou feuilleter les albums de bandes dessinées que le Lashkar distribue aux enfants. Le héros s'appelle *Shaheed Joe*, Joe le Martyr. Il aime aussi regarder les films en hindi, à la télévision. Il en a vu certains des dizaines de fois au point de les connaître par cœur.

Son père contracte la tuberculose et retourne vivre à Faridkot où il achète un chariot de marchand ambulant de nourriture. Pour quelques roupies, il vend des *puri dahi*[1]. Il convainc son fils de partir à Lahore. Le garçon s'installe chez son frère, maçon sur un chantier. Comme lui, il s'échine toute la journée, pour quatre cents roupies[2] par semaine. Il déteste ce travail, mais il n'a pas le choix.

1. Beignets frits.
2. 5, 6 euros.

Au bout de cinq ans, il revient dans son village pour aider son père qui se fait vieux. Mais il ne s'entend pas avec lui, l'argent est leur principal sujet de disputes. Kasab repart à Lahore avec un copain, est engagé chez un traiteur comme aide-cuisinier. Il est mieux payé, mieux nourri, et c'est toujours moins dangereux que les chantiers. Mais cela ne le satisfait pas plus.

Au travail, il s'est fait un nouvel ami, Muzzaraf. Bientôt les deux têtes brûlées sont inséparables. Muzzaraf lui propose d'arrondir leurs fins de mois en cambriolant des villas et des appartements. Le résultat est décevant, quelques bijoux de pacotille, un petit peu d'argent. Tous les deux veulent devenir riches. Très riches. Mais comment ? Le meilleur moyen, sans doute le plus facile, c'est de devenir des voleurs. Ils décident de tenter leur chance à Rawalpindi. C'est une grande ville et là-bas, peut-être, ils pourront acheter une arme.

À Pindi, la troisième ville du Pendjab après Karachi et Lahore, l'ambiance est survoltée. En ce mois de décembre 2007, ses habitants préparent la fête de l'Aïd. Et la campagne pour les élections législatives de janvier 2008 fait beaucoup de bruit. Revenue de son exil londonien, Benazir Bhutto est en tournée électorale dans la région. Deux mois plus tôt, elle a échappé de justesse à un attentat. Le 27 décembre, elle se trouve à Pindi pour un meeting de son parti, le PPP[1]. Debout dans sa voiture, elle salue la foule.

1. Le Parti du peuple pakistanais, parti de centre gauche, fondé par Zulfikar Ali Bhutto, le père de Benazir Bhutto.

Plusieurs tirs, une explosion, elle s'écroule. Transportée à l'hôpital, elle décède quelques heures plus tard.

David Headley est arrivé le jour même dans la ville pour discuter de l'Opération Bombay. Tous les membres du Lashkar, présents à cette réunion, prient pour que la candidate, dont l'assassinat a probablement été commandité par l'ISI, ou par al-Qaida, ou peut-être par les deux à la fois, ne s'en sorte pas vivante.

Les deux garçons ont trouvé un logement et un petit boulot dans un hôtel. Ils veulent plus que jamais devenir des voleurs. Ils traînent au Raja Bazaar, où ils pensent pouvoir se procurer une arme. Une grande tente les attire. Ils flânent parmi les stands tenus par des organisations religieuses, écoutent un prédicateur, regardent distraitement les brochures, quand ils sont accostés par un homme qui les a repérés dans la foule.

L'homme est amical, prévenant. Il leur offre du thé, les questionne. D'où venez-vous ? Où sont vos parents ? Que faites-vous ? Pourquoi ne rejoindriez-vous pas la Jamaat ? Est-ce qu'on va nous apprendre à manier des armes ? demandent les deux jeunes gens. L'homme acquiesce, leur propose de venir lui rendre visite, le lendemain, à la Jamaat-ud-Dawa, au centre de la ville. Ils attendent trois jours avant de s'y rendre. Ils hésitent, mais l'idée de se servir d'une kalachnikov l'emporte sur leurs réticences.

Les locaux de l'organisation caritative sont propres, engageants, les gens qu'ils croisent, calmes, souriants. On les emmène visiter les salles de prière, on leur offre un délicieux repas chaud. On les considère. On les fait aussi beaucoup parler. Et on les endort avec de suaves paroles. L'homme rencontré au marché les persuade de rejoindre, à Lahore, les quartiers généraux de la Jamaat, pour suivre un entraînement, le *Daura-e-Saufa*[1]. En trois semaines, leur promet-il, ils sauront manier des armes.

On leur fait signer le programme, on leur remet les papiers d'identité qui leur permettront de franchir les barrages et les checkpoints. On leur donne trois cents roupies chacun, le prix du voyage pour Muridke, un faubourg de Lahore, où se trouve la Marqaz-e-Taiba[2], le quartier général de l'organisation. L'entraînement doit commencer le 28 décembre 2007 et se terminer le 18 janvier 2008. Dans le bus, Kasab pense que pour la première fois de sa vie, il va manger à sa faim et gagner un peu d'argent.

« Croyez-vous que des riches iraient s'engager avec ces gens-là ? Nous étions des miséreux. Tous ceux qui ont rejoint le camp pour s'entraîner avec nous l'étaient aussi. »

C'est la première réponse qu'il donne aux enquêteurs qui l'interrogent sur ses motivations. Plus tard, il changera son discours, invoquera le djihad et sa fierté de combattre.

Kasab est la proie rêvée pour les comploteurs. Jeune homme simple, pour ne pas dire simplet, pauvre,

1. La première étape du stage d'entraînement de Lashkar-e-Taiba.

2. La Maison des Purs.

frustré, en rupture de famille. Cette pâte molle à façonner représente exactement ce qu'ils recherchent. Avec le même investissement en moyens et en temps, il aurait pu être formé différemment. Mais tout l'argent du Lashkar sert à fabriquer des tueurs, pas des ingénieurs ni des charpentiers. Juste de pauvres types, qui manient la kalachnikov et la grenade contre des cibles qu'ils ne connaissent pas et qu'on leur apprend à haïr avec ferveur.

Marqaz-e-Taiba ressemble à un immense campus, avec des salles de classe dotées d'ordinateurs, des terrains de sport, des jardins, une immense piscine, une bibliothèque, un laboratoire de sciences naturelles, une mosquée, et même une école de filles. Des étudiants viennent du monde entier afin d'approfondir leur connaissance de l'islam. Au final, on leur enseigne à devenir des missionnaires du djihad. Ce qu'on étudie là n'a rien à voir avec la sagesse, la beauté, la joie, la douceur, la poésie ou la musique. Dans les cours, il est d'abord question de fanatisme, de massacres et de morts violentes.

Daura-e-Saufa commence dès le lendemain de leur arrivée. Pendant vingt et un jours, le groupe se lève tous les matins, à l'aube, pour assister à une classe d'immersion salafiste. La journée de travail comprend des cours d'instruction religieuse et de djihad, des prières et de l'entraînement physique. Pour détendre les recrues, les instructeurs organisent des matches de foot ou de cricket. La télévision et les téléphones portables leur sont interdits. Aucun d'eux n'a le droit de joindre sa famille. Ils sont coupés du monde.

Hafiz Saeed, reconnaissable à ses cheveux et à sa barbe teints au henné, et Zaki ur-Rehman Lakhvi, le commandant militaire du camp, que les jeunes gens appellent Chacha (oncle), viennent souvent les voir pour les encourager. Ils ne se déplacent jamais sans une myriade de gardes du corps armés.

Les deux chefs savent y faire pour galvaniser leurs troupes. Ils louent le courage des combattants, évoquent la grandeur de l'islam. Le Coran, le djihad, le salafisme passent au-dessus de la tête de Kasab. Pourtant les instructeurs se donnent du mal. Tous les soirs, le groupe se réunit à la mosquée, on leur raconte des histoires édifiantes de martyrs. On leur montre des films où des fedayins attaquent des installations indiennes au Cachemire.

Êtes-vous prêts pour faire la guerre contre l'Hindoustan ? Ils le sont. Quelle est la différence entre un attentat et une mission suicide ? La réponse n'est pas évidente. Eh bien, un fedayin ne se suicide jamais, c'est un signe d'échec. Il doit combattre jusqu'à la mort. « Si vous mourez pour le djihad, vos faces brilleront comme la lune, vos corps sentiront l'encens et vous irez au paradis. »

Kasab y croit.

En février 2008, Kasab et Muzzaraf sont sélectionnés pour le deuxième programme, le *Daura-e-Amma*, et doivent changer de lieu. La plupart des camps du Lashkar et des autres groupes djihadistes sont situés dans l'Azad Cachemire, à quatre cents kilomètres de Muridke. Après le 11 septembre 2001, sous la pression des Américains, le gouvernement pakistanais les a officiellement fermés, mais ils continuent de fonctionner sous diverses couvertures. Le petit camp où ils se rendent est entouré de forêts et de montagnes enneigées. Mais ici, personne n'a vraiment le loisir d'apprécier le paysage. C'est un monde clos, masculin, furieux, régi par la testostérone.

On passe à présent aux choses sérieuses. Escalade dans les sommets glacés, courses d'obstacles, marches de nuit, et surtout maniement d'armes diverses, mitrailleuses AK-47, grenades, explosifs. Kasab et Muzzaraf paradent dans leurs uniformes. Avec leurs keffiehs qui dissimulent le bas de leurs visages, leurs barbes, leurs munitions en bandoulière, ils ont enfin l'air de combattants.

À la fin des classes, ils sont autorisés à rentrer chez eux. Muzzaraf a rendez-vous avec son frère à Rawalpindi. Il ne reviendra pas. Kasab est heureux de revoir sa famille. L'ancien rebelle s'est transformé. Il a gagné en prestance et en discipline. Au village, les habitants ont appris qu'il est devenu un moudjahid. Pour la première fois de sa vie, il est admiré et respecté, même par son père.

Au mois d'avril 2008, son groupe rejoint Baitul Mujahideen, qui culmine à plus de quatre mille mètres, dans les montagnes de l'Azad Cachemire. Le camp est le quartier général stratégique du Lashkar. C'est aussi son laboratoire en nouvelles technologies. Les terroristes ont compris depuis longtemps que le djihad se gagne aussi par les outils de communication les plus sophistiqués. Les recrues apprennent à se servir d'Internet et des réseaux sociaux, à envoyer des mails, à communiquer par VoIP[1], à hacker.

Le troisième programme, le *Daura-e-Khassa*, comprend un entraînement physique encore plus intensif que le précédent. Presque tous les soirs, on leur montre des films sur les exactions commises par les extrémistes hindous contre les musulmans. On leur passe en boucle les déclarations enflammées des chefs des partis nationalistes, dont le discours envers les musulmans est aussi sommaire que radical : « Tuons-les tous, jusqu'au dernier. »

À force, des affinités se créent. Kasab s'est lié avec Abdul Rehman Bada, vingt-trois ans, né dans le sud du Pendjab. Sa famille trop nombreuse s'est débarrassée de lui en l'envoyant étudier dans une madrasa. Puis il a travaillé comme ouvrier sur les chemins de fer. C'est ainsi que le Lashkar l'a recruté.

Il y a aussi Shoaib, dix-neuf ans à peine. Lui aussi est né au Pendjab. Son père est un prédicateur salafiste. Et Umer qui vient de Faisalabad. Malgré sa silhouette frêle et son filet de voix – il se surnomme

1. VoIP ou Voice over Internet (Voix sur Internet) est une technique qui permet de communiquer par la voix sur des réseaux privés et par Internet, câble, adsl, satellite, wi-fi, ou gsm.

lui-même « l'avorton » –, Umer n'a peur de rien. Il travaille pour le Lashkar depuis son plus jeune âge.

Il y a encore Babar Imran. Et puis Abdul Rehman Chhotta, dit le petit, pour le différencier d'avec l'autre Abdul Rehman Bada, le grand. Il vient d'un village du Pendjab si pauvre qu'il n'a pas de nom. Il ne veut pas rester, il appelle dix fois sa famille et lui demande de payer une rançon au Lashkar pour le libérer.

Trois nouvelles recrues s'ajouteront un peu plus tard. Abu Ali, vingt-deux ans : son père est un riche marchand de grains, ce qui tranche avec la pauvreté des autres. Ismaïl Khan, qui vient des provinces du Nord. Enfin, Fahadullah, vingt-quatre ans, le neveu d'un des instructeurs. Il lui manque deux doigts à la main gauche, c'est un défaut de naissance, il raconte qu'il les a perdus au combat.

Fahadullah et Abdul Rehman Chotta feront équipe, à l'Oberoi. Ce sont les assassins de Mourad et de Loumia.

Le trésorier du Lashkar, un agent de l'ISI, a loué un appartement à Karachi, qui sera la tour de contrôle des chefs, au moment des attentats. L'endroit est situé dans la zone la plus sécurisée de la ville, surveillée nuit et jour par les services de sécurité pakistanais. Des téléviseurs, des téléphones satellites, des ordinateurs, des cartes détaillées sont installés. Le trésorier a procédé à tous les achats nécessaires, un dinghy, des gilets de sauvetage et trois bateaux, deux petits et un plus gros, le *Al-Husseini*, pour lequel il a recruté des marins et un capitaine, tous membres du Lashkar.

Seize mille euros, c'est la somme prévue pour toute l'opération.

En septembre 2008, on envoie le groupe à Karachi en train. Ils sont logés dans un quartier du centre de la ville. Un Indien musulman leur enseigne des rudiments d'hindi et de maharati, ainsi que l'histoire de l'Inde, sa culture, son système de castes, ce qui ne leur servira à rien. La phase finale n'est pas la plus aisée. Ces paysans qui n'ont jamais vu la mer, qui la craignent sans doute, doivent apprendre à naviguer et à nager. Après quelques cours théoriques, ils vont s'entraîner dans un village de pêcheurs, sur la côte du Sind. Ils vivent trois jours sur le *Al-Husseini*, pour connaître les manœuvres, apprennent à se mouvoir dans des eaux dangereuses, à gonfler et à dégonfler un dinghy. S'ils se font arrêter, ils se feront passer pour une bande d'amis en route pour une partie de pêche.

À Baitul Mujahideen, où ils repartent, on leur révèle enfin leur feuille de route : attaquer l'Hindoustan et son centre économique, Bombay. Saeed leur énumère les cibles, le moyen de les atteindre et la façon dont ils rejoindront la ville, par la mer, après avoir détourné un bateau indien. On leur ordonne de tuer le maximum d'Américains, d'Anglais, d'Israéliens et d'Indiens, et de laisser, si possible, la vie sauve aux musulmans. La gare pose toujours un problème. Ils vont devoir tirer sans discernement et leurs bombes exploseront au hasard. Mais comment paralyser Bombay autrement ?

On donne aux recrues leurs nouvelles pièces d'identité indiennes dont ils doivent apprendre les noms par cœur. Pour joindre leurs chefs, ils utiliseront des téléphones mobiles avec des cartes prépayées. Les communications passeront par l'Autriche, puis seront déviées vers le Pakistan pour brouiller les pistes.

Ils visualisent la ville sur Google Map et sur des plans dessinés par des complices qui ont effectué des repérages. On leur fait visionner les vidéos prises par Headley, jusqu'à ce qu'ils les connaissent par cœur. Ils doivent pouvoir se diriger les yeux fermés à l'intérieur des cibles.

On les regroupe en tandems. Shoaib et Umer ont pour mission le café Léopold. Ils rejoindront ensuite Abdul Rehman Bada et Abu Ali au Taj, où ils tueront avant de prendre des otages.

Ismaïl Khan, le chef du groupe, et l'impressionnable Kasab attaqueront la gare, puis ils iront à Malabar Hill, le quartier le plus résidentiel de Bombay, pour abattre le plus de riches possible.

Babar Imran et Nasir iront à Nariman House. Ils devront prendre des Juifs en otages et les exécuter selon les ordres.

Abdul Rehman Chhotta et Fahadullah se rendront directement à l'Oberoi. La mission est la même qu'au Taj.

Leur départ est planifié pour le 27 septembre 2008. Les attentats auront lieu trois jours plus tard. Ce qui laisse deux semaines pour les derniers détails. Les recrues sont impatientes.

Leur première tentative échoue. Les canots sont précipités sur les rochers par la tempête. Ils doivent à leurs gilets de sauvetage de ne pas se noyer. Un autre essai ne sera pas plus réussi. Le capitaine de l'*Al-Husseini* frôle de trop près un chalutier indien qui, les prenant pour des pirates, leur tire dessus. Retour à la case départ. Pendant six semaines, ils attendent, désœuvrés, dans la maison de Karachi, que les bateaux soient réparés et que la mer soit plus clémente.

Le 22 novembre 2008, on rase leurs barbes de combattants, on leur remet un sac à dos noir bourré à bloc. Une kalachnikov AK-47 et l'arsenal de munitions qui va avec, huit grenades à main, un kilo d'explosifs RDX[1], un revolver, des écouteurs, une batterie de rechange, de l'eau, des fruits secs, des petits sacs qui contiennent du riz, du lait en poudre, des cornichons, du dentifrice, des rasoirs, des serviettes, des brosses à dents. On leur fournit des vêtements occidentaux, des montres à l'heure indienne, des téléphones portables préprogrammés, un GPS pour deux. Et cinq mille roupies chacun.

L'équipe est réveillée à l'aube. Leurs sacs bouclés, ils se répartissent dans deux jeeps. Quelques-uns des chefs les accompagnent jusqu'à l'embarquement. Chacha leur adresse ses ultimes recommandations : « Faites votre devoir, conduisez-vous en guerriers, ne

1. Sigle pour « recherche et développement explosif ». C'est un explosif, plus puissant que le TNT, largement utilisé dans les applications militaires et industrielles.

vous couvrez pas de honte. Nous avons tous travaillé très dur pour cette mission. Vous devez réussir. » Il leur rappelle de brancher leurs téléphones en approchant de Bombay. Il les étreint chacun à son tour, leur donne sa bénédiction, s'entretient quelques minutes en privé avec Ismaïl Khan, le chef du groupe, puis il tourne les talons.

De là, le groupe embarque sur un petit bateau qui lève l'ancre pour les conduire vers le *Al-Husseini.*

Depuis qu'elle est repartie en Inde, Loumia est toujours par monts et par vaux. Elle se rend à Paris en octobre, puis elle voyage en famille, au Rajasthan et à Jailsamer. Elle a prévu de retourner à Paris fin novembre, d'aller à Dubai, puis de revenir, deux jours après mon arrivée. Le 26 novembre, elle ne doit pas se trouver à Bombay.

Le 9 novembre, elle part dans un ashram dont le nom l'enchante déjà, « Art of Living ». Elle a promis de tout me raconter. Elle doit y rester cinq jours, ce qu'elle ne fera pas, sans doute trop impatiente. Elle est à la recherche du « peaceful mind ».

C'est moi qui mets les guillemets, je crois savoir ce qu'elle en pense.

Je l'entends rire.

22

Le débarquement

Le *MV Kuber* est l'un de ces petits chalutiers indiens qui cabotent dans les eaux du Gujarat et du Maharashtra. Vingt-cinq mètres de long, un moteur de cent dix-huit chevaux. La peinture bleue s'écaille sur la coque, la rouille a envahi les ferrures, il y flotte de forts relents d'essence et de poisson pourri. En dépit de sa piètre allure, c'est un bon navire, dont l'équipage de marins-pêcheurs connaît son affaire. Le capitaine, Amar Singh Solanki, s'enorgueillit de revenir au port avec mille kilos de prise dans ses filets.

Au port, c'est-à-dire à Porbandar. De là où, cent treize ans ans plus tôt, Hirjee Jivraj, l'ancêtre de Loumia, a embarqué pour Madagascar.

Solanki a quitté Porbandar le 14 novembre 2008. Le *MV Kuber* a navigué avec un autre bateau, puis leurs routes se sont séparées en raison du mauvais temps. Depuis le 20 novembre, la capitainerie n'a plus de nouvelles de lui. Il lui est arrivé de franchir les eaux territoriales du Pakistan. Ce matin du 23 novembre, il frôle encore d'un peu trop près la limite. Sur sa route, un navire battant pavillon pakistanais envoie des signaux de détresse. Il dévie de son cap et se dirige vers lui pour l'aider.

Vers vingt et une heures, après une longue journée en mer, l'embarcation des terroristes a rejoint le *Al-Husseini*, au large des eaux pakistanaises. Le capitaine et ses marins, tous membres du Lashkar, ont aidé les dix hommes à transvaser leur barda, les sacs à dos pleins à craquer d'armes et de nourriture, le canot en caoutchouc, la pompe pour le gonfler. Puis le *Al-Husseini* est reparti vers le sud, à la recherche d'un chalutier indien à pirater. Le lendemain matin, au large de Porbandar, son capitaine aperçoit le *Kuber*. Cette petite embarcation est exactement ce qu'il leur faut. Il envoie un signal de détresse.

Le chalutier s'approche, se met à couple avec le bateau des terroristes. Le capitaine fait comprendre à Solanki que son moteur est en panne. Et puis tout va très vite. Une dizaine de jeunes gens surgissent, enjambent le bastingage, sautent sur le pont du chalutier, sortent des mitraillettes AK-47 qu'ils pointent sur les quatre marins du *Kuber* et les expédient sur le *Al-Husseini*. Solanki reste à bord.

Sans un geste ni un mot de trop, ils transportent tout leur matériel sur le *Kuber*, plus quinze jerricans de diesel pour tenir la route jusqu'à Bombay. Ils lient les mains de Solanki qui va naviguer, pendant trois jours, avec une arme pointée sur sa tempe. Ismaïl Khan lui ordonne sèchement de repartir. Puis il appelle la tour de contrôle, à Karachi, donne brièvement un compte rendu. Les chefs le félicitent. Le commando est rassuré, Chacha et ses hommes veillent sur eux.

Ismaïl Khan a assigné un rôle à chacun. Les membres du groupe se relayent pour les quarts, Babar Imran s'occupe de la cuisine. Tout sera consigné dans le journal de bord qu'ils vont oublier en quittant le navire. Solanki navigue toujours sous surveillance armée.

Le 25 novembre, au large du Maharashtra, une patrouille indienne arrête le *Kuber* pour un contrôle de routine. Les hommes tendent leurs fausses cartes de pêcheurs gujaratis. Ils sont un peu crispés, mais les gardes-côtes ne trouvent rien à redire. Ils ont reçu l'ordre de surveiller des navires pakistanais douteux, bourrés de barbus armés. Un petit chalutier indien, dans lequel dix gamins vont à la pêche, ne fait pas partie des suspects.

Le 26 novembre vers seize heures, le *Kuber* arrive au large de Bombay. Les terroristes ouvrent de grands yeux. Le long du front de mer bordé de palmiers, s'alignent des tours, des hôtels de luxe, de beaux immeubles. Les lumières scintillent au soleil couchant. Devant eux, s'étale la richesse, le luxe d'un monde qu'on leur a appris à exécrer. « Pas de quartier », a dit Saeed. « Brûlez la ville », a ordonné Chacha.

Mais tout de même. Ils sont impressionnés. Ils sont aussi disciplinés. Ils passent un bref coup de fil à la tour de contrôle de Karachi, pour demander ce qu'ils doivent faire de ce capitaine qui ne sert plus à rien. On leur répond de façon sibylline : « Nous avons déjà mangé quatre chèvres, à votre tour de manger la vôtre. » Les quatre chèvres, c'est-à-dire l'équipage du *Kuber*, dont les marins du *Al-Husseini* ont tout de suite tranché la gorge. Solanki va subir le même sort. C'est Kasab qui l'exécute.

Le zodiac est gonflé, mis à l'eau. Les jeunes gens enfilent les vêtements neufs achetés dans un bazar de Karachi, les pantalons multipoches, les tee-shirts de couleur, les sweat-shirts à capuche, les baskets. Ils apposent une touche de vermillon sur leurs fronts, nouent à leurs poignets un fil rouge semblable à celui des pêcheurs indiens. David Headley, qui décidément pense à tout, les a trouvés dans Crawford Market. Ils accrochent leurs sacs à dos, connectent leurs téléphones mobiles. Ils sont prêts et prient pour la victoire de leur mission. Puis ils se regardent. Ils ressemblent à des étudiants, comme l'attestent leurs faux papiers d'identité. Jusqu'à l'attaque, ils vont devoir penser, marcher, parler comme les Indiens, faire semblant d'appartenir à ce peuple qu'ils détestent.

Il leur reste à couler le *Kuber* avant d'embarquer sur le dinghy. À bâbord, une embarcation s'approche. C'est peut-être une patrouille qui pourrait tout faire échouer. La troupe cède à un moment de panique, quitte précipitamment le navire sans ouvrir la valve. Dans sa hâte, Ismaïl Khan a aussi oublié son téléphone satellite à bord.

Macchimar Nagar, le paisible village de pêcheurs situé à Badhwar Bay, est le meilleur endroit de la baie pour rejoindre Colaba. David Headley l'a choisi après de minutieux repérages.

Il est vingt et une heures.

Le commando a une heure et demie de retard sur le plan initial. Le débarquement a été programmé à dix-neuf heures trente, au moment où les gens sont encore dans les rues et se préparent à rentrer chez eux. Le massacre aurait été plus important.

D'habitude, la jetée résonne des conversations et des rires des pêcheurs qui réparent leurs filets, assis devant leurs baraques de tôle, jusque tard dans la nuit. Ce soir, toute la ville ou presque est scotchée devant le match de cricket retransmis en direct à la télévision. Les supporters espèrent que l'Inde va pulvériser l'Angleterre.

L'un des terroristes saute à l'eau puis il amarre le canot. Les autres l'imitent et se débarrassent de leurs gilets de sauvetage. Avant de s'égailler sur le sable, ils s'encouragent comme des sportifs, comme des gamins, comme des copains, en se donnant gentiment l'accolade.

Un passant les arrête en chemin. C'est un employé qui passe toujours par là pour prendre son service de nuit au Taj Mahal. Il leur demande qui ils sont.

« Des étudiants », répond Kasab.

« On est déjà assez stressés comme ça, n'en rajoute pas », lance Ismaïl Khan, très énervé, pendant que tous pressent le pas vers la route.

Shoaib, Umer, Abdul Rehman et Abu Ali montent ensemble dans un taxi. Ils se dirigent vers Colaba Causeway. C'est l'équipe du Léopold et celle du Taj.

Kasab et Ismaïl Khan hèlent un taxi et demandent au chauffeur de les conduire à la gare de Chhatrapati Shivaji.

Babar Imran et Nasir se rendent vers Chabad House à pied.

Fahadullah et Abdul Rehman Chhotta, qui sont restés dans le canot, repartent vers Nariman Point où ils vont accoster, avant de se diriger vers l'Oberoi.

Le chauffeur s'est arrêté sur Marine Drive, devant l'hôtel Oberoi. Il va attendre ses patrons. Il a l'habitude.

Loumia consulte ses messages, jette un coup d'œil au rétroviseur, appelle la maison pour la dernière fois.

Elle pense à tant de choses, comme toujours. Ce qu'elle doit faire demain. Ce qu'elle fera ce soir. Ce dîner au Tiffin, face à la mer d'Arabie et aux bateaux qui mouillent au loin. C'est la vue qu'elle préfère, entre toutes.

La nuit de Bombay est douce, chaude. Étoilée. Le cœur de la ville palpite.

Ce sont ces instants, les derniers, qu'il faut garder précieusement. Ceux d'avant. Ceux des rires. Quand tout vibre encore de joie.

23

La marche funèbre

Ils ont disparu dans l'obscurité.

S'ils ont peur, s'ils tremblent, s'ils regrettent, s'ils pensent à leurs familles, s'ils prient tout bas, s'ils évoquent leurs instructeurs pour se rassurer, cela ne m'intéresse pas. Ils ne m'intéressent pas.

Je ne veux pas penser à l'humanité en eux. Je ne veux pas considérer leur misère, leurs faiblesses, leurs rêves enfouis, leurs espoirs brisés, le néant de leurs esprits, de leurs vies.

Je ne veux pas les absoudre, je ne veux pas les déresponsabiliser, je refuse d'incriminer seulement les chefs qui, jour après jour, leur ont appris la haine, comme on inocule un poison violent.

Ce sont des assassins. Ils sont venus pour tuer.

« C'était… comme dans un film. » Vijay, un jeune journaliste de CNN Inde, est arrivé à proximité du Cama and Albless Hospital, dès qu'il a compris que des terroristes avaient pénétré à l'intérieur. Comme tout le monde, il a d'abord pensé à une de ces guerres de gangs, si fréquentes entre Israéliens et Russes, pour le contrôle de la drogue à Goa. En général, les terroristes font sauter des trains ou des voitures. La mitraillette est plutôt la signature des voyous.

Le père de Vijay, un ancien cheminot, a reçu un coup de téléphone d'un collègue qui lui a appris qu'il y avait du grabuge à la gare. C'est ainsi qu'au fil des minutes les informations comme les rumeurs se sont propagées dans Bombay. Les bombes explosaient un peu partout, on a d'abord cru qu'un commando d'une trentaine d'hommes armés tenait la ville, c'était l'effet recherché.

Petit à petit, la vérité a surgi.

Quatre ans plus tard, Vijay ne s'en est toujours pas remis. Il a passé soixante heures sans dormir, courant d'un endroit à un autre pour rendre compte à l'antenne de ce qu'il voyait. Il faisait partie de ces innombrables journalistes indiens, dépêchés par leurs rédactions sur les lieux du drame, à la recherche de larmes, de confessions, d'émotions fortes, pour booster l'Audimat et gagner quelques points sur la soixantaine de chaînes concurrentes. Tous shootés à l'adrénaline, ivres de la sensation de vivre en direct l'événement le plus spectaculaire de leur carrière, inconscients de l'impact de leurs retransmissions. Avec le recul, il regrette, bien sûr. Mais la situation était inédite.

J'ai pris un café avec lui au Phénix, le centre commercial le plus ancien de la ville. Il porte une tenue passe-partout, polo, jean et baskets, il est précis, pressé, professionnel. J'ai rencontré dans ma vie des dizaines de Vijay. Dans toutes les rédactions du monde, les jeunes journalistes se ressemblent.

Il a compulsé des centaines de dossiers, de rapports, d'enquêtes, de livres, de sites, m'assure qu'il n'a pas encore fini d'explorer toutes les pistes. Personne n'aurait pu imaginer une attaque d'une telle amplitude, dit-il, elle a changé la définition de la terreur dans ce pays. Il ajoute que les Indiens se sont habitués au terrorisme. Ils ont appris à l'accepter, il fait partie de leur vie quotidienne. Ils savent qu'ils sont vulnérables. Mais une fois le premier choc passé, ils se remettent au travail.

Vijay s'anime. Il a raconté ces attentats au moins cinq cents fois, mais il ne s'en lasse pas. Sous l'analyse qu'il veut distante, perce la passion folle pour Bombay. « Qu'est-ce que ces salauds font à ma ville ? » a-t-il hurlé de rage, de désespoir, d'incrédulité, quand juste à côté du Cama and Albless Hospital, un policier qu'il connaissait bien a été abattu sous ses yeux, juste après lui avoir demandé d'aller se cacher derrière un bosquet.

C'était comme dans un film.

Il est vingt et une heures trente à Colaba Causeway. Un taxi s'arrête devant le café Léopold. Pendant le trajet, Umer a déposé une bombe RDX sous le siège du chauffeur cependant que son complice retenait son attention. La bombe a explosé une heure plus tard, dans le nord de la ville.

Umer et Shoaib ressemblent à des jeunes gens sans histoire. On pourrait presque les confondre avec Vijay, le journaliste. Mêmes vêtements, même allure juvénile, même démarche décidée. Ils ont retenu les leçons de leurs instructeurs.

Debout sur le trottoir d'en face, ils fixent les clients qui dînent au rez-de-chaussée sans se douter qu'on les observe. Le restaurant est bondé, c'est l'heure de pointe, de la musique s'échappe des haut-parleurs, l'ambiance est joyeuse. Le « *Spirit of Bombay* » dont les habitants sont si fiers, s'exprime là, devant eux, c'est l'insouciance, l'esprit bohème, les touristes, les jolies filles et les beaux garçons, le goût pour l'amusement bon enfant.

L'un des propriétaires du Léopold est sorti pour téléphoner. Posté devant le seuil, il remarque ces deux types avec leurs sacs à dos, qui semblent attendre quelqu'un ou quelque chose, mais il n'y prête pas attention. Ce sont sans doute des étudiants qui ont rendez-vous avec des copains pour aller boire une bière. Il raccroche, remonte dans la mezzanine, au-dessus de la salle à manger, où des habitués regardent le match de cricket.

Umer et Shoaib prennent leurs armes sans se presser, réajustent leurs sacs, traversent la rue, se postent devant le restaurant. Umer lance une grenade à l'intérieur. C'est le signal. D'un même staccato, ils tirent sur les clients attablés. Recommencent. Encore et encore.

Certains tentent de fuir, d'autres plongent sous les tables. Du côté des tireurs, pas d'hésitation, pas d'états d'âme, pas d'émotion. Les balles volent vers l'escalier, le premier étage, frappent les murs, les poteaux, les miroirs, atteignent les clients, les serveurs. Le Léopold est devenu un champ de bataille, du sang, de la fumée, des hurlements, des pleurs, des bris de glace, et toujours le cliquetis infernal des rafales.

En quelques minutes le sale boulot est terminé. Ils sortent en courant par la porte latérale donnant sur la rue qui mène au Taj, tout en continuant à tirer. Quelques balles perdues tuent encore. Derrière eux, des dizaines de blessés. Et onze vies brisées net, onze histoires poignantes.

À vingt et une heures trente, un autre taxi s'arrête derrière le Taj Mahal. Abdul Rehman et Abu Ali ont déposé la première charge d'explosifs à cinquante mètres de l'entrée. Par chance, elle n'éclatera pas.

Dans le quartier, autour du Léopold, les gens ont entendu les explosions, les détonations, certains ont vu des blessés dehors. Une foule paniquée s'est formée à l'entrée du palace. Passants, touristes, commerçants, chauffeurs de taxi, ils veulent tous entrer pour échapper aux tireurs, persuadés de s'abriter en lieu sûr.

Les deux comparses profitent de la bousculade pour pénétrer dans le hall du Taj sans se faire remarquer. Quelques mètres plus loin, ils s'arrêtent un instant, impressionnés par l'opulence des lieux, les lustres de cristal, les tapis de soie d'un rose délicat posés sur les sols de marbre, les fragrances qui flottent dans l'air. Tout est feutré, voluptueux, raffiné. Dans quelques secondes, un monde parfait va s'écrouler.

À force de les avoir étudiés, ils connaissent les lieux par cœur. Abdul Rehman se dirige tout droit vers le restaurant Shamiana, cependant que Abu Ali emprunte le couloir qui relie les deux parties de l'hôtel et débouche sur les arcades longeant la piscine. Quelques clients sont attablés dehors et profitent de la douceur de la nuit. Ce patio à ciel ouvert, agrémenté de plantes et de fleurs odorantes, est l'endroit le plus agréable de l'hôtel.

Ils tirent sans se presser, comme on le leur a enseigné, de la même façon mécanique et précise que leurs complices, au Léopold.

Depuis qu'ils ont quitté le restaurant, ces deux-là courent toujours. Ils se sont à peine arrêtés en chemin pour déposer une bombe dans un passage. Elle ne sautera pas non plus. Toujours en courant, ils sont arrivés par une porte de service, dont ils ont fracassé la vitre pour entrer.

Ils font irruption dans le patio et commencent à mitrailler. C'est un chassé-croisé de balles qui frappent les boutiques, les coffee-shops, les bars, les restaurants. Des grenades explosent, il y a encore de la fumée, encore des cris, encore des bousculades, et des meubles délicats renversés, des miroirs précieux qui volent en éclats, des lustres fragiles brisés en mille, des corps étendus sur les sols de marbre, du sang sur les tapis précieux.

Ils retrouvent leurs complices, foncent bientôt vers l'escalier principal, celui du vieux Taj. Ils grimpent les marches, tirent partout, lancent des grenades, explorent les couloirs à la recherche de cibles, blessent et tuent dans leur course folle. Dans l'hôtel, c'est la panique, les clients se barricadent, se regroupent dans les restaurants sous la protection du personnel, se cachent où ils le peuvent.

Au cinquième, les terroristes placent une nouvelle bombe RDX sous le dôme central, tapent sur les portes, font sauter les serrures, tuent leurs occupants. Ils filent au sixième, l'étage des plus belles chambres, celles des plus riches, forcent la 632, au hasard. Son occupant, un Indien âgé, directeur de banque, croit sa dernière heure arrivée. Ils le frappent, le déshabillent, l'attachent, ressortent, capturent quatre employés qui cherchaient à s'enfuir, les font entrer dans la chambre, les obligent à se dévêtir, leur lient les mains, les bâillonnent.

La chambre 632 va être pendant quelques heures leur quartier général. Ils discutent, vident le minibar, appellent les chefs à Karachi, qui leur ordonnent d'incendier l'hôtel. Ils sortent avec les otages, les enferment dans une chambre au cinquième, entassent des matelas, des couvertures, mettent le feu à six chambres. Vers vingt-trois heures trente, la bombe explose dans un fracas monstrueux.

Bientôt, le monde entier sera choqué par ces images. Dans Bombay en proie au chaos, le Taj Mahal est en flammes.

Il est presque vingt-deux heures à la grande horloge de Chhatrapati Shivaji Terminus quand Ismaïl Khan et Kasab descendent de leur taxi. Les témoins de leur cavale sanglante, auditionnés au procès de Kasab, les ont surnommés *lambdo* et *butka*, le grand et le court sur pattes.

La circulation est toujours difficile à Bombay, ils ont mis un peu plus de temps que prévu pour rejoindre le quartier du Fort, au nord de Colaba, où se dresse la gare appelée familièrement CST. Les vrais Bombayites disent encore VTS, pour Victoria Terminus Station, le nom dont les Anglais l'ont baptisée quand ils l'ont construite à la fin du XIXe siècle, pour le jubilé de la reine.

Attaquer CST, c'est un peu comme attaquer la gare de Lyon à Paris, ou Grand Central à New York. À la différence qu'on est en Inde et que tout est démultiplié. Dans cette ville où il est si difficile de se déplacer en voiture, sept millions de voyageurs s'entassent au quotidien dans les wagons des trains longue distance et dans ceux des lignes de banlieue. Jour et nuit, dans le hall central, des milliers d'hommes, de femmes, d'enfants, de vieillards, vont, viennent, marchent, courent, se bousculent, lisent, discutent, crient, s'insultent, mangent, achètent, vendent, mendient, prient, attendent debout, assis, couchés à même le sol, au milieu des piles de bagages.

On a beaucoup reproché aux journalistes et aux observateurs de s'être focalisés sur le chaos dans les hôtels de luxe, sur les riches Indiens et sur les étrangers, tués ou blessés. Et d'avoir oublié les anonymes, les travailleurs, les humbles, les citadins, les provinciaux, les banlieusards, le petit peuple frappé au hasard. Comme si Bombay n'existait que par son fric et ses palaces. Comme si une vie de riche valait mille vies de pauvres.

Et pourtant, c'est là que la ville est la plus vraie. Sans les hôtels de Colaba, Bombay peut survivre. Sans ses gares, c'est presque impossible.

Avant de descendre du taxi, Kasab a déposé une charge d'explosifs sous le siège du chauffeur, tandis qu'Ismaïl Khan détournait son attention. La bombe explose une heure et quart plus tard, à Vile Parle, près de l'aéroport. Rakesh Maria, qui nous a raconté l'histoire, ne nous avait pas précisé que le chauffeur s'appelait Mohammed Ummer et qu'il était musulman.

À l'intérieur de la gare règne l'habituelle frénésie, les annonces dans les haut-parleurs, le fracas des trains, les bruits de la foule. Tout de suite en entrant, les deux hommes tentent de joindre leurs chefs mais leurs mobiles sont déconnectés. Kasab va aux toilettes, revient, Khan s'y rend à son tour, en profite pour amorcer une bombe. En sortant, il la pose discrètement au milieu d'un groupe de bagages. Il sort une grenade de son sac, la jette dans la foule, en lance une autre, se saisit de sa mitraillette. Kasab tire déjà.

Les mêmes scènes de chaos se répètent. Les passagers se précipitent vers les sorties, abandonnent leurs sacs, leurs valises, pour certains leurs chaussures. Des corps jonchent le sol. Kasab et Ismaïl Khan tirent encore et encore.

Perché dans sa cabine vitrée qui fait face au hall principal et aux plates-formes des trains de banlieue, un aiguilleur comprend tout de suite la situation. D'une voix calme, il annonce au micro que la gare est sous le coup d'une attaque terroriste. Il demande aux voyageurs dont les trains continuent d'arriver d'évacuer sans panique les quais et de sortir par l'arrière. Kasab et Khan le localisent et font feu sur la cabine. Il a le réflexe de plonger par terre.

Il faut un peu de temps à la quinzaine de policiers présents pour organiser la riposte. D'abord, la peur les cloue sur place. Kasab et Khan font feu avec des AK-47, eux n'ont que des cannes de bambou et des fusils antiques. Certains ne sont pas armés du tout. Ils finissent par réagir. Mais les carabines sont si vétustes que la plupart s'enrayent. Une autre refuse de fonctionner alors que Kasab, tranquillement assis sur le sol, recharge sa mitraillette, offrant pourtant une cible facile.

Des coups de feu s'échangent enfin. Mais le combat est par trop inégal, les terroristes sont bien équipés et très précis. Quatre policiers sont tués, une dizaine d'autres blessés.

Une photo va faire le tour de la terre. Sebastian D'Souza, un photographe du *Mumbai Mirror*, dont la rédaction loue des bureaux dans le building du *Times of India*, est arrivé quelques minutes après l'attaque. Il a saisi Kasab dans l'action : tee-shirt noir, pantalon kaki multi-poches, baskets, sac de nylon accroché dans le dos, AK-47 au poing, le terroriste avance, droit devant lui, sans émotion, le regard fixe. Son calme contraste avec la panique qui règne dans le hall principal. L'entraînement a fait de lui une machine à tuer.

Le bilan est lourd : cinquante-cinq morts, de très nombreux blessés. Par chance, la bombe qui contenait une charge massive n'a pas explosé. Les chefs du Lashkar espéraient faire au moins trois mille victimes.

Des policiers réussissent à empêcher les deux hommes de gagner le premier étage de la gare, d'où ils auraient pu atteindre plus de monde. Ils les repoussent vers la passerelle pour piétons qui enjambe la voie ferrée et conduit à l'immeuble du *Times of India*.

Contraints de sortir, Kasab et Khan tentent de pénétrer dans le building mais ils se heurtent à la porte qu'un vigile vient de barricader. Ils dévalent l'escalier qui mène au parking, essayent de voler une voiture, n'y arrivent pas, se dirigent vers le Cama and Albless Hospital, tuent un policier qui tente de les arrêter, le tenancier d'une gargote qui regardait le match de cricket, son voisin qui a eu la mauvaise idée de passer sa tête par la fenêtre.

Ils sautent par le mur arrière de l'hôpital pour pénétrer dans son enceinte, abattent les deux gardes qui surveillent les bâtiments depuis la terrasse. Ils se ruent dans les couloirs en hurlant et mitraillant à tout-va. Un garçon de salle les a vus. Il grimpe les escaliers précipitamment, prévient les infirmières et les médecins de leur arrivée imminente.

Cent cinquante patientes sont hospitalisées ce soir-là. Elles sont enceintes, sur le point d'accoucher ou ont déjà leurs nouveau-nés auprès d'elles. Après l'heure des visites, quelques pères seulement sont restés pour assister à la naissance de leurs bébés. En hâte mais sans s'affoler, le personnel regroupe tout le monde dans les salles qui ferment à clé. Les lumières sont éteintes, les portables déconnectés, les mères sont priées d'allaiter leurs enfants pour les empêcher de crier.

L'hôpital sombre dans le silence. Dans une des salles, une femme est en plein travail. Les terroristes déboulent dans le couloir, au moment de la délivrance. Ils tentent d'enfoncer la porte. De l'autre côté, tous retiennent leur souffle. Même le bébé, une petite fille, a cessé un instant de crier, comme si elle avait compris la gravité du moment. Ses parents vont la baptiser Goli, « la balle ».

Kasab et Khan ne réussissent pas à entrer. Ni là, ni ailleurs. Ils tambourinent de toutes leurs forces sur les portes verrouillées, font feu sur les vitres mais en vain. Ils errent dans les couloirs, tirent au hasard. Au cinquième étage, ils arrêtent quelques patients qui n'avaient pas pu se cacher. L'un d'eux tente de s'enfuir, il est tué sur-le-champ. Ils enferment les autres à double tour dans une salle de bains.

Les forces de l'ordre ont pénétré dans le bâtiment. Les terroristes les font reculer à coups de grenades, blessent sévèrement deux ou trois policiers. Ces derniers ont demandé des renforts, mais la situation est par trop chaotique, ils n'obtiennent pas de réponse. Kasab et Khan se réfugient au sixième. Les échanges de tirs continuent.

Ils réussissent à quitter Cama et se retrouvent à côté du collège Saint-Xavier, qui jouxte l'hôpital. Devant eux déboulent au pas de course quelques passants qui arrivent de la gare. Au même moment surgit un policier en moto, qui leur enjoint d'aller se cacher plus loin. Kasab et Ismaïl Khan les suivent, à quelques mètres de distance. Le motard ignore qui ils sont, il leur ordonne de faire demi-tour. Kasab tire, le policier tombe à terre, mortellement touché. C'est l'homme qui a sauvé la vie de Vijay, le jeune journaliste qui fait partie du petit groupe, caché derrière un bosquet.

Les terroristes entendent une voiture, ils courent se dissimuler dans les buissons qui bordent un côté de la rue. Bientôt, une jeep arrive droit sur eux. Un officier de police, assis à l'avant, aperçoit deux ombres qui se déplacent dans les branchages. Il ouvre le feu. Les deux tireurs ripostent.

Hemant Karkare, le chef de la brigade antiterroriste de Bombay, un commissaire adjoint et un inspecteur senior, tous trois réputés pour leur bravoure et leurs faits d'armes, meurent sur le coup. Deux sergents assis à l'arrière sont tués, un autre est blessé. Dans la fusillade, Kasab est touché aux mains.

Bientôt le silence se fait dans la jeep. Plus personne ne tire. Kasab et Khan sortent de leurs buissons, se précipitent vers le véhicule, jettent les corps des trois officiers sur le trottoir, balancent les sergents à l'arrière. Sous la masse de ses compagnons morts, l'un d'eux respire encore.

Ismaïl Khan a pris le volant, Kasab s'est assis à côté de lui sur le siège avant. Ils sont désorientés, ont oublié les vidéos de Headley, les cartes dessinées à la main, les heures d'apprentissage des rues de Bombay. « Très bien entraînés, mais pas très habiles », jugera, plus tard, un membre des services de renseignement de la police de New York[1]. Ils ne sont plus que deux petites frappes acculées, décidées à tout. Et surtout au pire.

Ils foncent droit devant eux, tirent sur la foule massée devant le cinéma Métro. La jeep patine ; dans la fusillade qui a coûté la vie à ses passagers, un de ses pneus a crevé. Ils l'arrêtent, sortent en courant, détournent une Skoda, évincent ses occupants qui seront épargnés par miracle, continuent leur trajectoire folle. Écroulé dans la jeep abandonnée au milieu de la route, le policier qui respirait encore réussit enfin à joindre la station de contrôle. Il donne la position des terroristes.

Dans les commissariats du secteur, les ordres fusent, les voitures démarrent, les hommes se préparent à l'assaut. Quelques policiers organisent un *nakabandi*, un barrage, sur la route qui longe la mer. Les fugitifs sont obligés de passer par là, il n'y a pas d'autre chemin.

Les flics voient arriver la Skoda. Ils tirent. La voiture tente de faire demi-tour puis elle s'immobilise,

---

1. Sebastian Rotella, *Pakistan and the Mumbai Attacks: The Untold Story*, ProPublica, 2011.

bientôt encerclée par les policiers qui continuent de faire feu. Blessé au cou, Ismaïl Khan s'effondre. Kasab ouvre la porte. Un policier s'agrippe à ses jambes pour l'empêcher de fuir, il est tué sur le coup. D'autres policiers arrivent en nombre, pour le maîtriser. Ismaïl Khan meurt dans l'ambulance. Kasab est hospitalisé.

Coincé dans sa tour de contrôle sur ordre de son supérieur hiérarchique, Rakesh Maria voit enfin une occasion d'agir. Il ordonne qu'on lui amène le prisonnier sur-le-champ. Mais le commissaire devra encore patienter. Kasab arrive aux petites heures du matin, étroitement encadré par des policiers, les mains couvertes de bandages. Cet homme prêt à tout, qui vient de perpétrer un massacre de sang-froid, n'est plus, dans le bureau de Rakesh Maria, qu'une pauvre chose ratatinée, attachée par des menottes à une chaise. Un crétin assassin.

Les chefs l'ont suffisamment répété : « Vous n'avez pas droit à l'erreur. Les autres peuvent échouer. Pas vous. » Ismaïl Khan, le meneur, l'a redit à ses hommes en les regardant droit dans les yeux avant de les laisser partir à pied vers la Chabad House qu'on appelle plus communément Nariman House, du nom du bâtiment qui abrite cette minuscule communauté juive. Sa mission, comme celle de tous les nombreux centres qui existent de par le monde, est de propager le judaïsme orthodoxe et d'accueillir tous les Juifs qui se retrouvent à l'étranger.

Le destin des occupants de Nariman House est scellé. Leur exécution est programmée. Même celle des otages. « La mort d'un Juif vaut celle de cinquante Indiens », a martelé Lakhvi. De préférence, une mort cruelle.

J'ai posé la question à Rakesh Maria : « Le rabbin et sa femme ont-ils été torturés ? » Il a eu un hochement de tête, mais il n'est pas entré dans des détails atroces que, du reste, je n'avais pas envie de lui demander. Il a juste précisé : « Tortures took place only in Nariman Point. » De toute façon, je connaissais la réponse. Les témoignages horrifiés des médecins qui avaient vu les corps ont été publiés dans les journaux[1].

Gabriel Holtzberg, vingt-neuf ans, et Rivka Holtzberg, vingt-huit ans, enceinte de cinq mois, ont été agressés puis mutilés avant de périr étranglés.

Babar Imran et Nasir ont pris leur temps pour arriver. Il leur a fallu plus d'une heure à pied, là où ils n'auraient dû mettre qu'un quart d'heure tout au plus. Mais Nariman House, située dans un entrelacs de ruelles de Colaba, n'est pas facile à trouver. En chemin, ils ont placé une bombe sous une voiture en stationnement, devant la station d'essence de Colaba Causeway. Elle a explosé une heure plus tard.

Ce soir-là, cinq personnes ont dîné à vingt heures précises à la table de Gabriel et Rivka Holtzberg. David Bialka, un négociant en diamants israélien, habitué des lieux ; deux jeunes rabbins américains, Arie

---

1. « Doctors shocked at hostages's torture », RediffIndia abroad. 30 novembre 2008. http://www.rediff.com/news/2008/nov/30mumterror-doctors-shocked-at-hostagess-torture.htm

Teitelbaum et Benzion Chroman, venus apprendre au cuisinier indien les préceptes de la cacherout ; et deux femmes d'âge mûr, Yocheved Orpaz et Norma Rabinovich.

Gabriel est né à Brooklyn, Rivka est israélienne. Ils se sont mariés en Israël et ont un fils, Moshe, presque deux ans. Le couple a perdu deux garçons avant la naissance. Et Rivka, aux yeux empreints de bonté derrière ses lunettes fines, est à nouveau enceinte.

La plupart des Juifs de passage à Bombay se retrouvent chez eux. Deux étages, dans ce petit immeuble qui en comporte six, sont réservés aux hôtes. Le rabbin et sa femme occupent le dernier, avec leur fils. Leur confort est plus sommaire que celui de leurs invités, mais ils n'y font pas attention. Ils donnent tout ce qu'ils ont et même davantage. Tous les vendredis, avant midi, le jeune rabbin fait le tour des hôtels et laisse aux concierges une invitation au Chabbat du soir pour les clients juifs d'où qu'ils viennent. À Nariman House, l'hospitalité est une règle d'or.

Le dîner s'est terminé vers vingt-deux heures. Après les bénédictions rituelles qui ont suivi le repas, les hôtes sont remontés dans leurs chambres. Au deuxième étage, Gaby et Rivka supervisent les provisions pour le lendemain. Le petit Moshe a suivi ses parents. Il n'est pas encore couché. Au premier, dans la cuisine, Sandra Samuel, la nounou indienne, et Zakir Husain, le cuisinier, rangent les restes du repas.

Babar Imran et Nasir ont tiré sur des passants aux abords de Nariman House, planté une autre bombe juste à côté des escaliers, monté les marches. Ils pénètrent, arme au poing, dans l'immeuble, lancent les premières grenades. La nounou et le cuisinier ont juste le temps de s'enfermer dans la cuisine. David Bialka, le diamantaire, dont la chambre se trouve au quatrième étage, entend les coups de feu et comprend. Il ouvre la fenêtre de la salle de bains et se laisse glisser le long du conduit d'air conditionné.

Avant de s'enfuir, Bialka a eu la bonne idée de fourrer son passeport dans sa chaussure. Les policiers le prennent pour un terroriste et tirent. Il saute et tombe au milieu d'une foule en colère qui manque de le lyncher. Entre policiers et passants déchaînés, il va mettre un bon moment avant de pouvoir montrer ses papiers.

Au deuxième étage, Gabriel Holtzberg a compris lui aussi. Il appelle le consulat israélien, prononce quelques mots en hébreu : « Lo Tov », « Ce n'est pas bon ». La communication est brusquement interrompue.

Le rabbin et sa jeune épouse ont été tués les premiers, devant leur bébé. Le corps de Rivka, dénudé, a été retrouvé enveloppé dans un châle de prière. Les terroristes ont ensuite assassiné les deux hommes. Puis ils ont pris les deux femmes en otage comme les chefs l'ont recommandé.

Pendant mon séjour à Bombay, Rachel, une relation d'Hélène, membre de son inépuisable réseau de femmes, m'a invitée chez elle à un dîner de shabbat. Parmi ses amis présents ce soir-là, je rencontre Sam Marshall, un homme d'affaires né à Bombay avant la guerre, un Juif anglo-indien, comme le mari de Rachel.

Toujours très actif à plus de soixante-dix ans, Sam vit six mois de l'année à Singapour et les six autres mois au dix-neuvième étage du Taj Tower où il a sa chambre réservée. Quinze minutes avant l'arrivée des terroristes, il est sorti pour dîner au consulat israélien.

Sam est un homme de rituels. Chaque soir, à l'heure de l'apéritif, il fait un tour à la piscine et se promène sous les arcades autour du patio. Ce soir-là, il a dérogé à son habitude. Il est pressé. Dans le hall, il a croisé un ami perdu de vue depuis vingt ans, qui séjourne dans la ville et a pris une chambre au Taj Tower. Les deux hommes sont très émus de se retrouver. L'ami n'a rien à faire de particulier, il irait bien boire un verre, mais Sam est déjà invité, il est en retard. Ils se donnent rendez-vous le lendemain soir pour dîner ensemble. Sam sort. L'ami traîne un peu dans le hall. Il figure parmi les trente-quatre morts du Taj Mahal.

Sam, le rescapé, a une autre histoire à me raconter. Après les délicieux currys que Rachel nous a préparés, nous nous installons, lui sur le canapé, moi dans un fauteuil, en face de lui. Autour de nous, les autres se regroupent. Mais personne ne souffle mot tandis que je noircis mon cahier. Il parle pendant une heure et je n'ose pas l'interrompre. Sa voix se brise parfois. Sous ses mots, la trop courte vie de Gabriel Holtzberg et de sa femme se dessine à petites touches. Deux existences dédiées au bien.

Malgré leur différence d'âge, près d'un demi-siècle, Sam était très proche du rabbin, presque comme un père pour lui. C'est Sam qui, en 2003, a avancé les fonds pour que le jeune orthodoxe de Brooklyn puisse monter ce foyer communautaire à Bombay. Gaby avait une mission, il voulait ramener les Juifs indiens à la religion[1].

Sam est intarissable sur son ami, sa bonté, son absence de préjugés, son perpétuel sourire aux lèvres. Il raconte les convives qu'on rencontrait chez eux, leurs dîners si animés, la joie qui régnait dans la maison, me décrit la compassion, la tolérance du jeune couple. Et l'amour profond qui les unissait.

Gabriel Holtzberg n'avait pas peur de la menace terroriste. Quand on l'évoquait devant lui, il répliquait : « Qu'ils viennent ! Je leur dirai, soyez mes hôtes, moi, je n'ai pas l'intention de partir. »

Deux jours plus tard, le 28 novembre, Gaby et Rivka auraient dû fêter les deux ans de leur fils Moshe. Tout était prêt pour son anniversaire.

---

1. Avant la partition, les Juifs étaient environ 30 000 en Inde. Ils ne sont plus que 6 000, répartis en trois communautés. Celle de Cochin, la plus ancienne, celle des Bene Israel, la plus nombreuse, celle des Bagdadis, venus d'Irak, la plus récente. Les Juifs et les Indiens, hindous ou musulmans, ont toujours eu d'excellents rapports depuis des siècles de coexistence aimable. Le massacre de Nariman House a bouleversé tout le pays.

24

L'Oberoi

C'est la vie, Loumia, qui est imprévisible.

Ce matin du mercredi 26 novembre, une belle journée s'annonce. Dehors, le ciel semble incertain, encore voilé de brume, mais la chaleur imprègne déjà la ville. À travers les baies vitrées de l'appartement de Raheeja Bay, la mer a toujours cette curieuse teinte grise.

Loumia est rentrée de Paris quatre jours auparavant. Comme d'habitude, sa visite s'est déroulée dans un tourbillon de rendez-vous. Elle a rencontré un monde fou, supervisé la dernière collection de Princesse tam.tam, donné son avis sur la campagne de pub, assisté à une conférence de rédaction de Terrafemina, revu ses amies, sa famille, s'est invitée à dîner chez sa sœur Shama ravie de cette bonne surprise, a accepté des déjeuners et des dîners, parfois deux ou trois à la même heure, comme au bon vieux temps, elle ne veut décevoir personne.

Le portable toujours vissé à l'oreille, ce qui exaspère toujours sa fille, elle a beaucoup couru, beaucoup parlé, beaucoup rigolé, invité tous ceux qu'elle a croisés à venir lui rendre visite, elle a fait du shopping, toujours au pas de course, et elle a repris l'avion.

Le contraste entre Paris et Bombay la frappe chaque fois qu'elle retourne en Inde. Les Parisiens ne vivent qu'à travers leurs agendas, le moindre rendez-vous leur demande une stratégie toute militaire. À Paris, son amie Véronique a trouvé qu'elle était un peu ailleurs, c'est sans doute qu'elle avait hâte de retrouver Mourad et les enfants, et cette petite bulle d'intimité qu'ils se sont recréée, loin du monde. Elle en profite, elle sait que ça ne va pas durer. Un jour ou l'autre, ils vont devoir rentrer en France.

À Bombay, la vie est à la fois beaucoup plus compliquée et beaucoup plus reposante. Le temps s'écoule différemment quand il n'y a rien de précis à faire, même si Loumia trouve toujours de quoi s'occuper. Avant son voyage, elle a passé presque toutes ses journées au centre de yoga. Depuis son retour, elle est moins assidue aux cours, mais elle compte bien s'y remettre.

Je dois arriver le surlendemain chez elle. Sa mère a poussé ses vêtements dans l'armoire pour me laisser de la place, elle prépare ses bagages pour aller s'installer au Taj Mahal. Peut-être a-t-elle un peu râlé de devoir me céder sa chambre, mais Loumia a sûrement balayé un début de querelle d'un grand rire. C'est ce que je veux croire.

Quand nous avons commencé à correspondre sur Facebook, elle m'a écrit : « Le seul souci ici, je ne fais que voyager. Je ferais mieux de travailler plus, je culpabilise parfois et j'ai l'appréhension de régresser. C'est complexe quand on a la culture de la performance et du résultat. » J'ai répondu par une pirouette, « Dis-toi que ça fait partie du job. » Ça a eu l'air de lui plaire.

Quelques semaines auparavant, elle a eu son moment de gloire au sein de la communauté française. Le consulat a donné une soirée en son honneur et a invité des femmes indiennes influentes. La veille, Loumia avait demandé à Hélène de lui préparer un discours. Elle l'a répété dans la chambre du consul et puis au dernier moment, elle a saisi le micro et a dit avec un grand sourire : « Merci d'être venues, vous êtes toutes formidables, passez une bonne soirée. » Hélène a été interloquée, Mourad a ri et lui a glissé à l'oreille : « Elle me fait tout le temps le même coup. »

Cet événement s'est très bien déroulé, peut-être les choses avancent-elles dans le bon sens finalement ? Peut-être sont-ils en train de se faire une place à Bombay ?

Un peu plus tard, au cours du dîner, Loumia a évoqué, sans doute avec un soupir, son retour en France, l'an prochain. Une amie indienne a vivement répliqué : « Qu'est-ce que tu racontes, Loumia ? Tu ne quitteras jamais l'Inde ! »

Krishna ne s'en remet toujours pas. Il se sent tellement responsable. Cet après-midi-là, il a tellement insisté pour que Loumia assiste au lancement de sa nouvelle collection d'objets au *Bombay Store*, une boutique branchée du quartier du Fort. Krishna est un designer doué et prolixe, les journalistes de déco raffolent de ses créations colorées, de ses dessins naïfs. Son site Internet, India Circus[1], lui permet de les vendre dans le monde entier. Loumia s'est entichée de son travail. Elle lui a acheté pas mal de tableaux et de photos. Tous les deux se voient beaucoup, à des vernissages, des cocktails, des déjeuners.

J'ai rencontré Krishna au Breach Candy Club, avec Hélène. C'est un garçon raffiné, charmant et un peu snob. Sous les cils sombres et recourbés, son regard a la couleur et l'éclat du saphir, d'un bleu presque trop intense. Derrière l'indolence étudiée, se cache un homme d'affaires avisé. Il m'offre un livre de ses photos recolorées, dont Loumia avait trouvé le titre : *Mumbai Masti*, l'espiègle Mumbai. L'espiègle Loumia sonne bien aussi.

Sans Loumia, une fête à Bombay n'est pas tout à fait réussie. Krishna lui envoie un texto en début d'après-midi pour vérifier qu'elle sera bien présente. Mais elle ne s'est pas encore décidée. Elle était à l'école pour préparer la fête de la classe de sa fille, avec d'autres parents, et elle a dû rentrer plus tôt, pour ramener Ilana à la maison. La fillette est fiévreuse, elle a mal à la gorge. Elle fait parfois semblant d'être malade, pour sécher les cours, mais aujourd'hui, elle ne se sent vraiment pas bien.

Loumia appelle le médecin de famille, qui ne peut pas quitter sa consultation. Il propose de venir plus

1. indiacircus.com by Krsna Mehta.

tard, dans la soirée. Ça n'arrange pas Loumia, elle voudrait bien se rendre à l'inauguration de Krishna. Le médecin, qui est aussi son voisin, dit qu'il viendra tôt le lendemain matin.

Loumia et Ilana passent le reste de l'après-midi à faire des parties de Uno. La mère et la fille jouent souvent ensemble, aux cartes, aux Mille Bornes. Loumia ne se fait jamais prier pour s'amuser. Krishna lui envoie texto sur texto, enjôleurs, suppliants, comminatoires. « Je vais mourir si tu ne viens pas », exagère-t-il. « Il va mourir ! dit Loumia en riant. Je ne peux pas le laisser dans cet état. »

Nani pense que Loumia doit rester à la maison, auprès de sa fille malade. Loumia tergiverse encore. Au téléphone, le médecin ne semblait pas inquiet. Mourad encore perturbé par le décalage horaire, il est revenu récemment du Japon, n'a pas trop envie de sortir. Mais il veut faire plaisir à sa femme.

Sachin, le professeur de yoga, est arrivé depuis une bonne heure déjà. Désormais, il passe la moitié de son temps avec la famille. Avant de prendre son cours, Nani a encore insisté, mais Loumia n'en fait qu'à sa tête. Elle promet aux enfants de rentrer tôt. Naeem et Rayane ne s'en formalisent pas. L'absence de leurs parents leur permettra de jouer sur leur console vidéo. Ilana est chafouine. Elle veut que sa mère reste auprès d'elle.

Tous les habitants de la ville regardent le match de cricket à la télévision. En principe seulement. Car la route est presque aussi encombrée que d'habitude. Les embouteillages sont la plaie de Bombay. La construction du Sealink, le grand pont de filins et d'acier suspendu au-dessus de Mahim Bay, n'est pas encore achevée. Depuis son inauguration, en juin 2009, il est beaucoup plus facile, et surtout beaucoup plus rapide, d'aller de Bandra à Colaba. En trente minutes, peut-être un peu plus, on rejoint désormais le sud de la ville, alors qu'il fallait une heure et même plus, dans la poussière, les cahots, le flot incessant des voitures, pour se rendre d'un point à un autre. Même dans une voiture confortable, le trajet est pénible. Loumia le faisait parfois deux fois dans la journée.

Le seul avantage de ces longs transports, ce sont ses conversations au téléphone. Pendant que la route défile, elle parle cent fois par jour à ses amis, à sa famille, à Paris, à Bombay, ou à Tana.

Vers dix-neuf heures, quand je l'ai appelée de Pondichéry, quand nous avons plaisanté et ri, j'ai pensé qu'elle était en route vers Colaba. Je l'avais d'abord imaginée chez elle, mais non, je refais les calculs dans ma tête, l'heure ne coïncide pas. Elle était déjà dans la voiture.

De son côté, Mourad a joint son frère Saghir, à Madagascar, à propos d'un voyage qu'ils doivent faire tous ensemble à l'île Maurice. Il a passé la communication à Loumia mais elle a abrégé : « Saghir, rappelle-moi demain, je suis pressée, on doit aller dîner avec des amis. » Elle n'a pas précisé où.

Le vernissage de Krishna a attiré beaucoup de monde. Quand Loumia et Mourad arrivent, très en retard, au *Bombay Store*, la plupart de leurs amis sont passés, puis repartis sans les attendre. Ils admirent les montres, les sous-verres, Loumia papillonne, virevolte. Ils quittent le *Bombay Store* parmi les derniers. Ils ont prévu de dîner à l'Oberoi, avec des amis qui au dernier moment se sont désistés. Loumia a maintenu la réservation parce que le Tiffin est l'un de ses restaurants préférés.

Hélène a rejoint l'hôtel Four Seasons, où son mari et elle sont invités par l'ambassade qui a organisé un grand dîner pour la communauté française. Loumia a décliné. À Bombay, elle fuit la plupart des manifestations officielles. Toutes les deux se sont parlé au téléphone, Loumia était toujours dans la voiture. En raccrochant, elles se sont promis de se voir le lendemain.

Il faut vingt à vingt-cinq minutes pour arriver du Fort à Marine Drive, tout dépend de la circulation. Le chauffeur les dépose un peu après vers vingt et une heures. Il les ramènera à Bandra quand ils auront fini de dîner.

Les avertissements des services secrets sur les menaces d'attentat ont fini par être pris au sérieux. Le staff de l'Oberoi s'est réuni le matin même pour réfléchir aux mesures à appliquer. Elles ne seront effectives que deux jours plus tard, le 28 novembre, date à laquelle le Premier ministre indien doit séjourner à l'hôtel. Mais ce soir, n'importe qui peut encore entrer sans être contrôlé.

Le portier se tient immobile devant la porte, tout raide dans son *sherwani* amidonné. Un turban noir brodé d'or dompte la haute masse de ses cheveux. Il salue avec respect les clients qui entrent. Loumia et Mourad connaissent le chemin par cœur. Sortir de la voiture, passer devant les boutiques de l'extérieur, pénétrer dans le hall du Trident, le traverser jusqu'à la volée de marches qui mène à l'Oberoi, à une centaine de mètres environ de l'entrée, continuer dans le corridor pavé de marbre blanc, qui débouche sur un vaste hall dont les baies vitrées font face à la jetée. À l'autre bout, à droite, un peu en hauteur, le restaurant indien Kandahar. Tout de suite à leur gauche, le Tiffin est grand ouvert sur le hall. Il n'y a pas de portes.

Le couple est connu, reconnu, attendu. Ce sont des habitués. Le maître d'hôtel les salue. Il les installe à une bonne table, au premier rang, là où on peut profiter de la vue.

Fahadullah, à qui il manque deux doigts, et Abdul Rehman Chhotta, le petit, le peureux, sont arrivés devant l'Oberoi après avoir amarré le dinghy une centaine de mètres derrière eux. Ils ont patienté quelques minutes avant d'entrer.

Il est vingt et une heures quarante-cinq.

Ouverture des sacs à dos, prise en main des mitraillettes, des grenades. Salve contre la vitrine de la boutique Gucci, à l'entrée de l'hôtel. Un mort. Les voilà dans le majestueux hall du Trident. Ils ont un léger mouvement de recul, le même que celui que leurs complices ont eu au Taj Mahal. Abdul Rehman Chhotta, qui vient d'un village trop pauvre pour avoir un nom, est abasourdi par tant d'opulence.

En quelques secondes, ils ont tout regardé tout absorbé avec avidité, à gauche, le couloir qui mène aux boutiques de luxe, la réception et son comptoir de marbre, les portes miroirs des ascenseurs ; à droite, les baies vitrées, le café Cino. Au milieu, les fauteuils et les canapés profonds, les grandes plantes, les tables basses où des bouquets savamment composés exhalent un lourd parfum de lys qui se mêle à celui des clientes.

Quelques secondes ont suffi pour les conforter dans leur haine. Ils s'avancent au rythme des rafales, visent les fuyards, achèvent les blessés. Éclats de verre, miroirs brisés, vitres en morceaux. Hurlements. Et toujours ce bruit particulier des rafales que l'on peut, de loin, prendre pour des pétards ou pour un feu d'artifice.

Ils montent les marches, débouchent dans le corridor de marbre blanc. Arrivent dans le hall de l'Oberoi. En face d'eux, en surplomb, le Kandahar. À gauche, le Tiffin.

Il est vingt et une heures cinquante-sept.

Le CCI est un bâtiment ancien aux allures de club anglais, très prisé des Bombayites. Les murs sont couverts de tableaux de maharadjahs compassés, de photographies d'équipes victorieuses. C'est un lieu idéal de rendez-vous, pour siroter un thé dans la véranda en regardant les matches de cricket se dérouler sur la gigantesque pelouse.

La veille de mon départ de Bombay, j'ai rencontré Sevanti Parekh, à l'époque le trésorier du club. Aujourd'hui, il en est le président. Ce riche armateur jaïn est un monsieur aux cheveux blancs, au visage lisse et doux. Son fils, Sunil, et sa belle-fille, Reshma, sont allés dîner au Tiffin ce soir-là. Ils sont arrivés à l'Oberoi à vingt et une heures trente-cinq avec une de leurs amies. Ils avaient réservé une table au premier rang. Elle n'était pas tout à fait prête. Le maître d'hôtel les a fait patienter avant de l'installer.

J'ai regardé des photos du couple sur Internet. Sunil est un quadragénaire au regard franc, souriant, décidé. C'est un bon vivant qui a étudié aux États-Unis avant de rejoindre l'affaire familiale. Reshma, sa femme, a de beaux yeux bleus, un visage avenant.

Avant la tragédie, Sevanti Parekh estimait qu'il était comblé par la vie. Il avait tout ce qu'un homme peut désirer, un bon métier, une belle réputation, une réussite financière, une maison confortable, une famille aimante, des amis nombreux. La seule ombre à ce tableau idyllique était sa hantise de la fin. Depuis, il a perdu toute crainte, il voit la mort comme un voyage.

Lui qui n'était pas pratiquant croit désormais au destin. Il m'énumère tous les signes qui démontrent que le décès brutal de son fils était écrit dans les astres. Quelques jours avant les attentats, Sunil avait annulé au dernier moment un voyage d'affaires au Japon, sans donner de prétexte. Le soir du 26 novembre, il avait réservé une table dans un autre restaurant de Bombay mais à la dernière minute, il avait préféré l'Oberoi.

Le couple est sorti avec une amie dont le mari voyageait en Inde. Au lieu de conduire lui-même, ce qu'il faisait d'habitude, Sunil a demandé au chauffeur de les déposer. Ils sont arrivés en avance. En attendant leur table, Reshma et lui sont restés debout comme deux cibles parfaites. Leur amie s'est penchée pour poser son sac. Quand les tirs ont commencé, elle a été blessée, mais elle n'a pas été tuée. Sevanti Parekh répète qu'il n'est pas en colère, qu'on ne peut pas changer l'ordre du monde. Il s'efforce de pardonner. Sa femme et lui élèvent leurs deux petites-filles, Anandita et Arundati.

Jusque-là j'avais réussi à ne pas trop m'émouvoir, à mettre de la distance. En quittant son bureau, c'est Loumia et Mourad que je pleurais.

Encore une fois, je ralentis mon récit. Je parle des autres, pour éviter de parler d'eux. J'ai trop peur de ce qui va suivre. Je pense à Alan Scherr, président de la Synchronicity Foundation, une communauté mystique américaine, qui étudiait la méditation transcendantale depuis des années. Il était en voyage d'études spirituelles en Inde avec un groupe de vingt-quatre personnes. Il avait emmené avec lui sa fille, Naomi, treize ans, une adolescente vibrante de vie. Sa femme et leurs deux fils étaient restés en Virginie.

Au Tiffin, Alan et Naomi sont morts dans les bras l'un de l'autre. Une amie qui a survécu était réfugiée sous la table, juste à côté d'eux. Son témoignage a été lu au procès de David Headley, par la femme d'Alan, la mère de Naomi. Les premiers coups de feu, les convives qui plongent par terre, les corps tombant les uns sur les autres, les tués, les blessés, ceux qui ont feint la mort, les hurlements de Naomi et les chuchotements apaisants de son père qui essayait de la calmer.

Et puis plus rien. Naomi s'est tue. Les deux terroristes sont revenus sur leurs pas. Pour achever les blessés.

25

L'attente

Hortense. Blonde, discrète, fine. Elle habite Bombay depuis quelques années, avec son mari et leurs trois enfants, quand, à la rentrée scolaire 2007, elle croise Mourad à l'école américaine. Leurs fils aînés se retrouvent dans la même classe. Et leurs immeubles se font face, il suffit de traverser la rue. Au cours du café d'accueil, ils sympathisent, décident d'organiser un covoiturage pour accompagner les enfants à tour de rôle.

Au début, Hortense est surtout en contact avec Mourad, c'est lui qui emmène les enfants le matin. Puis elle se lie avec Loumia. Hortense connaît tout de la vie quotidienne à Bombay, elle aide Loumia qui se perd dans les détails pratiques. Les deux femmes sont différentes au possible. Loumia trouve Hortense zen et organisée, Hortense aime la spontanéité et la simplicité de Loumia. Elle comprend peu à peu que le couple a fondé Princesse tam.tam, qu'ils sont connus, qu'ils ont de l'argent, alors que rien dans leur allure ni dans leurs propos ne le laisse supposer.

Elle se demande souvent pourquoi ils ont laissé leur confort parisien, leur vie facile, leurs amis, pour venir se frotter à une réalité indienne qui les dépasse. Elle admire leur énergie, leur esprit d'aventure, mais elle connaît le pays, elle pense qu'ils vont être déçus.

À Bombay, Hortense ne travaille pas. Elle s'occupe de ses enfants et s'adonne activement au bénévolat. Elle s'est impliquée dans un orphelinat de petites filles[1]. Elle a tout de suite proposé à Loumia de participer aux ventes de charité.

Après les événements de Côte d'Ivoire, le Quai d'Orsay a mis en place un comité de sécurité dans ses consulats à l'étranger, pour aider les ressortissants français en prise aux situations de crise. Hortense est chef d'îlot, en charge, avec deux autres volontaires, d'une vingtaine de familles dans le nord de Bombay. En cas de coup dur, sa mission consiste à gérer les problèmes que peuvent rencontrer les expatriés.

Depuis les attentats, la vie d'Hortense a changé. Son mari a été nommé en Corée, la famille l'a suivi. Puis ils sont tous rentrés en France et se sont installés dans un village des alentours de Lyon. C'est là que je l'ai rencontrée, par une froide journée de janvier. La maison est encore en travaux, mais l'ambiance est déjà cosy, accueillante. Des coffres, des tissus, des bibelots rappellent l'Inde. Hortense est restée très attachée à ce pays qu'elle décrypte avec subtilité.

---

1. Dyvia Prahba-Street Children.

Nous nous sommes installées devant une tasse de thé, face à la baie vitrée qui ouvre sur le jardin. Ce paysage de campagne française, soleil pâle, ciel pommelé, arbres décharnés, est bien loin de Bombay. Pourtant, le récit d'Hortense est si précis, si dense, qu'il m'a semblé être avec elle, avec Nani, les enfants, les voisins, les amis, dans l'appartement de Raheeja Bay, pendant cette interminable attente où personne ne savait rien, hormis que Loumia et Mourad étaient peut-être coincés à l'hôtel Oberoi, tandis que dans la ville, les combats faisaient rage.

À Bombay, les nouvelles commencent à circuler. Dès vingt-trois heures, les journalistes, les curieux commencent à affluer vers le Taj, l'Oberoi, Nariman Point. Les policiers de Colaba sont sur le pied de guerre, leurs chefs réclament des renforts à Delhi où sont basés les National Security Guards (NSG), l'élite des forces antiterroristes.

Au Four Seasons, le dîner en l'honneur de la gastronomie française s'achève. L'ambassadeur explique aux convives, la plupart déjà alertés, que des attaques terroristes ont eu lieu dans les grands hôtels, il ne donne pas de détails.

Par réflexe, Hélène envoie un texto à Loumia. Elle ignore que son amie est allée dîner à l'Oberoi. « Tu as entendu ce qui se passe ? Il vaut mieux rentrer. » N'ayant pas de réponse, elle pense que Loumia, d'habitude si réactive, dort déjà. Son mari et elle retournent chez eux, à Breach Candy, au nord de Colaba. Depuis qu'elle est à Bombay, Hélène a vécu quelques attaques terroristes, dont celle du mois de juillet 2006. Elle sait l'effervescence, la folie, de ces moments de crise, la panique. Comme la plupart des Bombayites, elle devient fataliste.

La voiture roule dans des rues désertes, les habitants se sont barricadés. Le silence est inhabituel, un peu effrayant. Dans sa chambre, Hélène allume la télévision. Les images sont terribles. Rien à voir avec ce qu'elle a pu connaître.

Jusqu'à deux heures du matin, elle envoie des textos à Loumia. Le dernier, avant de s'endormir, trahit son anxiété. « Je me demande si c'est prudent d'envoyer les enfants à l'école demain. Qu'est-ce que tu fais, toi ? »

Il est vingt heures à Paris. Shama doit dîner avec Firoz et leur fils aîné Michaël au restaurant la Rotonde, à Montparnasse, à quelques minutes à pied de chez elle.

La mère et le fils sont déjà attablés lorsque Firoz arrive, la mine défaite. Il leur apprend que Bombay est encore la cible d'attentats. Cette fois, cela semble sérieux. Shama appelle tout de suite Loumia. Elle n'obtient que le répondeur. De son côté, Assya, leur jeune sœur, a réussi à joindre Nani qui lui a répondu que le couple était sorti. Une heure plus tard, alors qu'ils terminent de dîner, nouveau coup de fil d'Assya, beaucoup plus inquiète. Elle a rappelé leur mère qui lui a fait la même réponse. Ils ne sont pas rentrés. Le téléphone de Loumia sonne dans le vide.

Shama, Michaël et Firoz décident de se rendre chez Assya dont l'appartement est proche. Un cousin et sa femme les retrouvent là-bas. Vers minuit, heure française, Mayumi, la femme du consul, appelle Shama. Elle a réussi à joindre le chauffeur. Il a déposé Loumia et Mourad devant l'Oberoi. Tout de suite après eux, les terroristes sont entrés, ils ont pris des otages.

On sort des matelas, des couvertures, la nuit va être longue, entrecoupée de coups de fil paniqués de la famille et des amis. Personne ne réussit à dormir.

À Bombay, vers huit heures du matin, la secrétaire de l'école téléphone à chaque parent et leur demande de garder les enfants à la maison. Le portable de Loumia ne répond toujours pas.

Hortense a reçu un appel du consulat. On lui demande de vérifier que les Français dont elle a la charge sont en sécurité. Les Amarsy sont en haut de sa liste classée par ordre alphabétique. Elle appelle chacun de leurs numéros, en vain. Elle traverse la rue et sonne chez eux.

La domestique indienne est catégorique. Tout le monde dort dans la maison, monsieur et madame aussi, d'ailleurs leur porte est fermée, elle ne peut pas les déranger. Hortense insiste. Il faut qu'elle les réveille, elle doit absolument leur parler. La chambre est vide. Le lit n'est pas défait. Hortense descend au parking. Un des gardiens lui apprend que leur voiture n'est pas revenue.

Hortense appelle Hélène. Les deux femmes téléphonent un peu partout pour tenter de localiser

Loumia. Finalement, une amie, Ghislaine, leur apprend que le couple est parti dîner à l'Oberoi. Son mari et elle devaient se joindre à eux mais ils étaient fatigués. « Si vous changez d'avis, nous sommes au Tiffin », a dit Loumia en la quittant.

Hélène cesse d'envoyer des textos. Si jamais Mourad et elle sont cachés quelque part, les terroristes ne doivent pas entendre son téléphone vibrer. Elle se raccroche à une logique absurde.

Hortense a prévenu sa famille qu'elle s'installait chez Mourad et Loumia et y resterait jusqu'à leur retour. Les trois enfants sont seuls avec leur grand-mère, c'est son devoir de veiller sur eux. Son premier geste est d'éteindre la télévision. Elle tient à les éloigner de la violence des images. Les protéger, c'est son obsession pendant ces deux longues journées.

Quand Nani se lève, Hortense se présente. La vieille dame pensait que Loumia et Mourad étaient rentrés. Elle est tétanisée. Rayane, qui se réveille, file regarder des dessins animés… Ilana a toujours mal à la gorge, elle est fiévreuse. Hortense appelle le médecin. Naeem se réveille à son tour. Hortense lui explique la situation. Il l'écoute avec gravité. À treize ans, il est déjà très mûr. Hortense ajoute qu'elle est en relation constante avec le consulat, lui promet qu'elle lui donnera des informations dès qu'elle en aura. Pendant ces trois jours, les enfants ne se douteront de rien. Naeem est persuadé que ses parents vont rentrer. Ilana ne veut pas y penser.

L'école américaine envoie une psychologue pour assister Hortense. Le mot d'ordre est simple, il faut transformer cette journée difficile en vacances improvisées. Les garçons vont jouer en bas, avec leurs copains, sous la surveillance des parents. Ilana reste à la maison, une camarade de classe vient lui tenir compagnie.

Au dixième étage, dans l'appartement des Amarsy, la porte est ouverte. Mourad et Loumia ne la ferment jamais. Les voisins, les amis, commencent à défiler, certains viennent aux nouvelles, d'autres font comme s'ils en avaient. Tout le monde donne son avis. L'ambiance est pénible. Une femme indienne arrive en hurlant qu'il y a déjà plus d'une centaine de morts. Hortense lui ordonne de se taire. Pas devant les enfants.

Au petit matin, à Paris, la cellule de crise du Quai d'Orsay a confirmé que le couple était bien à l'Oberoi. Shama rentre chez elle avec Michaël. Elle a prévenu son fils cadet, Kevin, en stage à Shanghai. Les membres de la famille débarquent les uns après les autres. Ceux de Madagascar et de Dubai téléphonent sans arrêt. Du reste, les appels sont incessants, les équipes de Princesse tam.tam, les amis du couple, tout le monde se demande pourquoi on ne réussit pas à joindre Loumia et Mourad.

La télévision reste allumée en permanence. Le spectacle effraye et fascine à la fois. Rien de ce qui y est dit ou montré ne permet de comprendre ce qui se passe à l'Oberoi.

À qui s'adresser ? Shama fait le tour de ses relations mais en vain. N'y tenant plus, elle finit par sonner chez ses voisins, Alain Finkielkraut et sa femme, Sylvie. Ils l'écoutent avec attention, lui assurent qu'ils vont se renseigner.

Michaël reçoit un appel de Ranjan, un ami de Mourad et Loumia qui habite l'immeuble de Raheeja Bay. Aroon, son fils aîné, est dans la classe du petit Rayane. Ranjan est passé à l'appartement, il lui donne des nouvelles des enfants, de Nani. Il appellera toutes les heures, Michaël apprécie ses mots réconfortants.

Malgré l'inquiétude qui la ronge, Shama est persuadée que sa sœur et son mari sont cachés, qu'ils vont ressurgir sains et saufs quand la situation sera clarifiée. Michaël partage son sentiment. Depuis leur plus tendre enfance, Kevin et lui pensent que Mourad est un super-héros.

Un de leurs plus vifs souvenirs est celui d'un oncle soulevant de chaque main les deux bicyclettes où ils sont juchés, pour les faire grimper en haut d'une côte. En grandissant, ils ont compris qu'ils avaient inventé cette histoire. Mais ils ont gardé précieusement cette image. Mourad est le plus fort, il va s'en sortir et Loumia avec lui.

Dans la nuit du mercredi au jeudi, un commando des National Security Guards décolle enfin de Delhi. Leurs uniformes gris carbone, leur entraînement de haut vol, leurs masques de skieurs de compétition leur ont valu le surnom de *Black Cats*, les Chats Noirs.

Pour intégrer leur brigade, ses membres ont subi un entraînement intensif dans des conditions extrêmes.

Il a fallu de trop longues heures au gouvernement pour comprendre la gravité de la situation. Pendant que les ministres tergiversent sur l'opportunité d'une intervention, le chef des NSG regarde les images à la télévision et se demande quand ses hommes vont pouvoir partir. Finalement, ils reçoivent leur ordre de mission. Quand ils atterrissent enfin à Bombay, il n'y a pas d'hélicoptères pour les transporter à Colaba. Les troupes d'élite doivent s'entasser dans des cars qui vont mettre plus d'une heure à atteindre le sud de la ville.

En attendant les *Black Cats*, les responsables de la police de Bombay ont fait appel aux MARCOS, les Marines Commandos, dont les unités sont basées à Colaba. Là encore, une bureaucratie tatillonne, des ordres et des contrordres donnés dans la pagaille, une mauvaise évaluation de la situation empêchent leur intervention avant deux heures du matin.

Hasan Gafoor, le chef de la police de Bombay, est terré dans son véhicule de fonction, qui stationne à proximité de l'hôtel Oberoi. Il donne des ordres très discutables mais ne se déplace jamais sur le terrain. Surtout, il refuse que ses hommes le fassent. Au Taj, un policier a réussi à pénétrer dans la pièce de contrôle, d'où il visionne les images captées par les caméras de surveillance. Après avoir incendié quelques chambres, les terroristes sont descendus au cinquième étage avec leurs otages. Il appelle son chef, lui annonce qu'il va intervenir. « Attends les renforts, je t'ordonne de ne pas bouger de là », s'entend-il répondre.

Gafoor décide que les MARCOS, qui ne connaissent pas le Taj, doivent y entrer sans policiers, ni staff pour les guider. Il est très difficile de se repérer dans l'hôtel, c'est un dédale de couloirs, de passages, de niveaux différents. C'est aussi ce qui fait son charme. Mais chaque recoin peut être un piège mortel. Pourtant, Gafoor n'en démord pas. Ses hommes à lui encercleront l'hôtel, mais du dehors.

Les clients barricadés dans les deux palaces réussissent à passer des appels ou des textos. Certains accordent des interviews par téléphone. Les journalistes, qui occupent inlassablement les écrans, abreuvent les spectateurs de détails. Plusieurs officiels de la police donnent des précisions à l'antenne. Depuis leur tour de contrôle de Karachi, les chefs et les instructeurs du Lashkar et deux officiers de l'ISI regardent la télévision. Ils répercutent les informations aux membres du commando avec lesquels ils gardent un contact constant.

La brigade antiterroriste a réussi à intercepter les conversations entre les terroristes et leurs chefs. Ce qui va permettre aux forces spéciales, quand elles arriveront, de cibler leurs actions.

À neuf heures trente, le jeudi matin, les *Black Cats* pénètrent enfin dans le Taj. Petit à petit, ils évacuent les chambres où sont barricadés les clients et le personnel. Le mot d'ordre est de capturer les terroristes, morts ou vivants. Des snipers sont postés tout autour de l'hôtel pour empêcher leur fuite. L'opération a été baptisée *Black Tornado*. Elle va leur prendre presque toute la journée et une bonne partie de la nuit.

À l'Oberoi, l'explosion d'une bombe placée à l'entrée a soufflé les baies vitrées, les lustres et les miroirs encore intacts après la fusillade. Le grand hall est en ruine. Après avoir assailli le Tiffin et le Kandahar, les terroristes se sont réfugiés dans les étages.

Ils ont arrêté une quinzaine de clients qui tentaient de s'échapper, les ont alignés contre un mur. « Nous ne vous avons rien fait », proteste une femme en pleurs. Ils répondent en hurlant : « Souvenez-vous de Babri Masjid[1], souvenez-vous de Godhra[2] ! »

Meltem et Seyfi Muezzinoglu, deux touristes turcs, font partie du groupe. Meltem a drapé en toute hâte son châle en cachemire noir sur sa tête pour se donner l'allure d'une croyante. Seyfi crie qu'ils sont musulmans, Fahadullah lui demande de le prouver. L'homme récite une sourate. Les Muezzinoglu ont la vie sauve, ainsi que trois femmes prises au hasard. Les autres reçoivent plusieurs rafales. Cinq otages seulement, protégés par les corps qui tombent, survivront à leurs blessures. Ils vont passer une partie de la nuit sans oser se déplacer.

---

1. Babri Masjid est une mosquée détruite par des extrémistes hindous en 1992, ce qui a déclenché les émeutes antimusulmans.

2. Godhra est une ville du Gujarat, où, en 2003, après l'agression mortelle d'un passager dans un train, ont eu lieu des émeutes sanglantes antimusulmans.

Des policiers postés sur les toits et les terrasses des deux immeubles face à la tour du Trident échangent des tirs avec les terroristes dont ils voient, à travers les fenêtres, les ombres se déplacer. Mais ils ne parviennent pas à les toucher. De la chambre 1979 où il est enfermé, avec les autres otages, Seyfi Muezzinoglu attrape son téléphone et renseigne discrètement la police. Il leur apprend qu'il n'y a que deux terroristes retranchés entre le dix-huitième et le dix-neuvième étage.

Un peu plus tard, Fahadullah appelle Karachi.

« Nous avons cinq otages.

— Tuez-les ! Tuez-les tous sauf les musulmans. Et gardez votre téléphone ouvert afin que nous puissions entendre le bruit des détonations. »

Les trois femmes sont exécutées sous les yeux horrifiés des deux Turcs. Seyfi Muezzinoglu racontera plus tard la confusion des terroristes quand sa femme et lui se mettent à prier à voix haute, pour le salut des mortes.

Les MARCOS ont passé une partie de la nuit à sécuriser les issues entre les deux hôtels. À dix heures trente du matin, le jeudi 27 novembre, deux brigades de *Black Cats* pénètrent dans l'Oberoi par les toits.

À dix-sept heures, après avoir délivré une grande partie des clients barricadés dans leurs chambres, ils finissent par localiser Fahadullah et Abdul Rehman qui se trouvent à présent dans la chambre 1856 de l'Oberoi. Ils sont coincés, et sévèrement blessés, presque sans munitions – ils ont dit à leurs chefs, au téléphone, qu'il ne leur restait plus que deux grenades – mais la situation n'avance pas. Ils défendent chèrement leur peau en tirant à travers la porte.

La riposte des *Black Cats* a mis le feu à la chambre. Pour maîtriser l'incendie, les terroristes ont ouvert tous les robinets de la salle de bains. À la nuit, rien n'a bougé.

Dans l'appartement de Loumia et Mourad, le jeudi après-midi, Hortense s'efforce de gérer le flot incessant des amis, des voisins, des curieux qui débarquent à chaque instant. Chacun y va de son avis. Tout le monde connaît quelqu'un qui…

L'atmosphère est survoltée. Le téléphone ne cesse de sonner. L'espoir est entretenu par les rumeurs. Certains auraient vu Mourad et Loumia dans les couloirs. D'autres affirment qu'ils se trouvent dans la tour de l'Oberoi Trident, enfermés dans une chambre avec l'équipage d'Air France. Mais il n'y a toujours pas de confirmation.

Un voisin, omniprésent, vient raconter qu'il est en contact avec le chef de la police. Celui-ci lui aurait affirmé que Loumia et Mourad allaient bien, qu'ils sont barricadés dans une chambre et qu'on leur a apporté des sandwiches.

Le mot « sandwiches » rassure Nani, elle s'y accroche. Ce détail qui sonne tellement vrai est inventé par quelqu'un qui veut se donner de l'importance.

Le consulat dément. On ne sait toujours rien. La seule certitude est que ni Loumia, ni Mourad, ne figurent parmi les rares convives qui ont réussi à s'échapper du Tiffin, grâce au personnel qui les a guidés vers la sortie.

Ils ne sont pas non plus dans le groupe de ceux qui ont pu fuir le Kandahar, par la porte de derrière, pas non plus parmi les clients hagards, sonnés, blessés, mais vivants, que les NSG libèrent peu à peu dans chaque chambre.

En fin d'après-midi, Hortense renvoie pas mal de monde. Gênée de ne pas savoir faire le tri entre les vrais amis du couple, qu'elle ne connaît pas, et les autres, elle cible de préférence les oiseaux de mauvais augure, les pleureurs, les visages compassés. Elle a enfin pu éteindre la télévision. Mais comment empêcher Naeem de naviguer sur le web, d'aller consulter sa page Facebook où ses copains commentent la situation ?

La soirée est un peu plus paisible. Hortense partage le peu d'informations qu'elle détient avec Naeem. Elle veut tenir sa promesse. Les enfants vont se coucher après le dîner. Hortense va retrouver les siens, puis elle revient.

Nani, à la fois angoissée et anesthésiée, lui a demandé de rester dormir avec elle. Elles partagent des pommes. Nani veut qu'Hortense se couche près d'elle, dans son lit. Elle s'endort en lui tenant la main. Dans l'obscurité, Hortense pense qu'il faut se préparer au pire. Elle pense aussi : « Tant qu'on ne sait pas, on ne sait pas. » Et elle se raccroche à ce mantra.

Dans la nuit, les cousins arrivent de Dubai et s'installent au Taj Ends, à Bandra. Le lendemain matin, ils appellent Hortense, soulagée de ne plus être seule. Leur solidité face à la situation la rassure. Ils vont voir Nani et les enfants. Puis ils téléphonent chez Shama, à Paris, où tout le monde vient de passer une deuxième nuit blanche, pour répercuter les nouvelles. C'est-à-dire, l'absence de nouvelles.

À Nariman House, la situation est confuse. Pendant toute la nuit du 26 au 27 novembre, les terroristes ont tiré sur les forces de l'ordre postées dans la rue et dans les immeubles voisins. Ils se sont connectés à leurs instructeurs sur l'ordinateur de Gabriel Holtzberg. Un négociateur du Chabad, le rabbin Shemtov, appelle sur le portable de Gaby Holtzberg. Babar Imran répond en ourdou.

Avec un traducteur de l'ambassade israélienne, le rabbin tente de discuter avec lui. Babar Imran lui affirme que les otages sont sains et saufs. Shemtov entend au loin la voix d'une femme qui appelle à l'aide, sans doute Norma Rabinovich. « Il n'y a plus de batterie, dit abruptement le terroriste. Vous connaissez nos exigences. » Et il raccroche.

Plus tard, Sajid Mir demande à Babar Imran de lui passer la femme. A-t-elle téléphoné au consulat israélien comme il le lui a demandé ? Sont-ils d'accord pour négocier ? Terrorisée, Norma sanglote entre deux phrases. Elle balbutie que le consulat va les contacter.

« Ne vous inquiétez pas, asseyez-vous et relaxez-vous. Gardez votre énergie pour des jours meilleurs. S'ils nous contactent là, tout de suite, vous pourrez peut-être célébrer le prochain shabbat avec votre famille. »

Un grand moment de cynisme.

Quelques heures plus tard, toujours aux ordres de Karachi, Babar Imran téléphone à India TV et demande à parler en direct à la présentatrice du journal. Il contrefait un accent du Cachemire, déclare qu'il appartient au mouvement des moudjahidine du Deccan, un groupe inventé pour la circonstance.

« Quelles sont vos revendications ? demande la journaliste.

— Savez-vous combien de musulmans sont tués chaque année au Cachemire par votre armée ? »

Babar Imran poursuit sur un ton agressif. Il incrimine la visite de militaires israéliens au Cachemire. La journaliste tente de l'interrompre, lui demande combien de ses amis sont avec lui mais le terroriste raccroche. Ses chefs le félicitent un peu plus tard.

Sur les ordres pressants de Sajid Mir, Babar Imran a fini par exécuter Norma Rabinovich et Yocheved Orpaz après les avoir attachées à un montant du lit. Les policiers ont intercepté les dernières conversations entre Karachi et Nariman House et ont compris que tous les otages étaient morts. Il n'est plus question de négociations.

La seule note un peu optimiste dans ce cauchemar est le sauvetage du petit Moshe, le bébé de Gaby et de Rivka. Après une première nuit cachés derrière le frigo de la réserve, Sandra, la nounou, et Zakir, le cuisinier, ont profité des négociations au téléphone pour sortir de la cuisine où ils se sont enfermés. Ils ont entendu les pleurs de Moshe, un étage plus haut. Ils sont montés et l'ont trouvé couché sur le sol, tremblant, son pantalon et sa couche maculés de sang. Autour de lui, gisent les corps de ses parents et des deux Américains, les rabbins Teitelbaum et Chroman.

Sandra prend le petit garçon dans ses bras et s'enfuit avec Zakir en courant[1].

Le vendredi 28 novembre, vers sept heures et demie du matin, des hélicoptères se posent sur le toit de Nariman House. La télévision retransmet les images des *Black Cats* qui en descendent et viennent se poster tout autour. À Karachi, les chefs qui les regardent en direct dirigent la riposte de Babar Imran et de Nasir. Ils sont finalement maîtrisés et tués.

À l'aube, les quatre terroristes du Taj qui s'étaient réfugiés au restaurant Wasabi sont morts eux aussi pendant l'assaut.

---

1. Little Moshe vit à présent, avec sa nounou, chez ses grands-parents en Israël. Le gouvernement israélien a décerné à la jeune femme le titre honorifique de Juste.

À l'Oberoi, devant la chambre 1856, le siège a duré jusqu'à l'aube, ponctué par les coups de feu entre les deux camps. Vers six heures du matin, quelques rafales bien nourries des tireurs d'élite atteignent leur but. Plus personne ne riposte.

Les *Black Cats* attendent encore un peu, puis ils entrent avec précaution. Les corps de Fahadullah et d'Abdul Rehman Chhotta gisent sur le sol, criblés de balles.

À Raheeja Bay, ce vendredi matin, l'espoir de retrouver Loumia et Mourad vivants s'estompe quand l'équipage d'Air France est libéré par les *Black Cats*. Ils ne sont pas parmi eux.

Un petit groupe s'est réuni avec Hortense dans un appartement voisin, en mode cellule de crise. Tout le monde regarde la télévision. L'évacuation de l'Oberoi est filmée en direct. On ne voit pas le couple sortir.

La police indienne téléphone. On demande à Hortense de se renseigner sur les vêtements que portaient les Amarsy.

À Paris, Michaël reçoit un appel de Ranjan. Sur une autre ligne, au même moment, un cousin est contacté par Sanjay, l'associé de Mourad. Shama est suspendue à son visage. Tout de suite, elle comprend.

À Bombay, le consul de France a reconnu les corps. Un communiqué officiel annonce que Loumia et Mourad Amarsy, un couple de Français, ont été tués au restaurant de l'Oberoi.

Ils sont partis les premiers.

26

Les assassins

Après les attentats de Bombay, David Headley avait été chargé par al-Qaida de repérer des cibles israéliennes, en Inde, notamment les Chabad House de Pune, Goa, Delhi. Al-Qaida l'avait aussi mandaté pour préparer un attentat à Copenhague, dans les bureaux du journal danois *Jyllands-Posten* qui avait publié les caricatures de Mahomet.

Il a été arrêté le 18 octobre 2009, à l'aéroport de Chicago, alors qu'il s'apprêtait à prendre un vol pour le Pakistan avec son complice Tahawwur Rana. Il a été condamné en janvier 2013 par la cour fédérale de Chicago à trente-cinq ans de prison, pour avoir été l'un des instigateurs des attentats de Bombay. Beaucoup pensent que la sentence n'était pas assez forte, et qu'il aurait dû être condamné à la prison à vie.

Tahawwur Rana, arrêté avec David Headley, a été jugé en mai 2011 à Chicago par la cour fédérale. Il a toujours prétendu n'avoir eu aucun rôle dans les attentats et avoir été abusé par David Headley. Ce dernier a témoigné contre lui afin de bénéficier d'une remise de peine. Rana a été condamné à quatorze ans de prison pour avoir aidé le Lashkar-e-Taiba dans son action terroriste et pour avoir comploté contre le *Jyllands-Posten*. Aucune charge n'a été retenue contre lui pour son rôle dans les attentats de Bombay.

Zaki ur-Rehman Lakhvi, dit Chacha, a été arrêté en décembre 2008 et condamné par un tribunal pakistanais. En prison à Rawalpindi, il bénéfice d'un régime de faveur. Il reste en contact téléphonique avec les chefs du Lashkar et supervise certaines opérations, notamment en Afghanistan.

Ajmal Amir Kasab a été accusé, en mai 2010, de meurtre, de conspiration et de guerre contre l'Inde, après un procès dans les règles, qui a débuté un an auparavant. Au cours de ce procès, il est revenu sur ses aveux, en prétendant qu'ils lui avaient été arrachés sous la torture, puis il a à nouveau plaidé coupable. Condamné à mort après le rejet d'un appel et d'une demande de grâce, il a été pendu le 21 novembre 2012 à Pune. Les autorités indiennes ont refusé de rapatrier son corps au Pakistan.

La peine de mort est rarement appliquée en Inde. Des milliers de gens ont manifesté bruyamment leur joie, comme si elle mettait un point final au traumatisme. « A sense of closure[1] », ont écrit les journaux.

---

1. « La boucle est bouclée. »

Hafiz Saeed a été arrêté en décembre 2008, puis relâché en 2009, après que la Haute Cour de Lahore a déclaré que son emprisonnement était non conforme à la Constitution. La même cour a estimé que la Jamaat-ud-Dawa n'était pas une organisation terroriste.

Saeed, qui continue de nier son rôle dans les attentats, vit toujours à Muridke, près de Lahore, au quartier général de la Jamaat-ud-Dawa. Il donne des interviews, apparaît librement en public. En échange de la tolérance, voire de la protection du gouvernement à son endroit, le Lashkar-e-Taiba et les autres groupes terroristes n'attaquent pas le sol pakistanais. Il reste aussi un outil important dans le conflit du Cachemire.

Quelques jours après la mort de Kasab, Hafiz Saeed a célébré une cérémonie funéraire en son honneur, suivie par de très nombreux fidèles.

Sajid Mir a été interrogé par les autorités pakistanaises, après les attentats, puis il a été relâché. Il faisait partie du complot contre le journal danois *Jyllands-Posten*. Toujours en liberté, réputé intouchable, il vit tranquillement au Pakistan. Mir reste plus que jamais déterminé dans son combat contre les Occidentaux, les Indiens et les Juifs.

Le Lashkar-e-Taiba, dont la menace reste toujours aussi forte, surtout au niveau international, est pour l'instant le seul groupe, avec al-Qaida, capable d'organiser des attentats à grande échelle. La possibilité d'une nouvelle attaque d'envergure, quelque part dans le monde, n'est pas à écarter.

Beaucoup de questions demeurent en suspens. Le rôle de l'ISI par exemple, et son lien avec le Lashkar-e-Taiba, nié par le Pakistan, malgré le témoignage de Headley.

Quinze pays, dont la France, sont toujours impliqués dans la recherche des terroristes, en raison de la mort de leurs ressortissants. La position des États-Unis, pour qui tout acte de terrorisme contre un Américain est un crime, reste complexe.

D'un côté, les autorités sont fermement décidées à poursuivre les responsables : en 2012, Barack Obama a offert dix millions de dollars pour la capture de Hafiz Saeed. De l'autre, une trop grosse pression envers l'armée et le Lashkar pourrait détériorer le maintien de bonnes relations diplomatiques avec le Pakistan et endommager les efforts des agences du contre-terrorisme.

La plupart des vrais assassins de Mourad et de Loumia sont libres.

27

L'après-Bombay

La première fois que j'ai parlé à Shama de mon projet d'écriture, elle m'a dit : « Je voudrais que Rayane puisse lire ce livre quand il aura dix-huit ans, pour qu'il sache qui étaient ses parents. »

C'étaient des gens bien.

Rayane est un petit garçon délicieux, qui aime le foot et la lecture. Son frère Naeem et sa sœur Ilana sont deux adolescents charmants, vifs et attachants. Quand j'ai terminé le livre, ils ont tenu à me parler à leur tour de leurs parents.

Shama est pour tous les trois une présence maternelle, chaleureuse. Avec Michaël et Kevin, ses fils aînés, ils forment une famille que j'ai plaisir à retrouver.

J'aime à croire que Loumia et Mourad, où qu'ils soient, veillent sur eux.

BIBLIOGRAPHIE

Sophie Blanchy, *Karana et Banians : Les communautés commerçantes d'origine indienne à Madagascar*, L'Harmattan, 1995.

Christophe Jaffrelot, *Le Syndrome pakistanais*, Fayard, 2013.

Lata Jagtiani, *Mumbai Terror Attacks*, Rupa Publications, 2009.

Pierre Lachaier, *Les Khojas duodécimains de langue gujarati : De la Jamate de La Courneuve au réseau mondial*, École Française d'Extrême-Orient, 2013.

Adrian Levy and Cathy Scott-Clark, *The Siege: Three Days of Terror Inside the Taj*, Penguin Books England, 2013.

Jason Motlag, « Sixty Hours of Terror », *The Virginia Quarterly Review*, Autumn 2009.

Bruce Riedel, *Avoiding Armageddon: America, India and Pakistan to the Brink and Back*, Brookings Institution Press, 2013.

Sebastian Rotella, *Pakistan and the Mumbai Attacks: The Untold Story*, Pro Publica, 2011.

Stephen Tankel, *Storming the World Stage: The Story of Lashkar-e-Taiba*, Hurst & Company, 2011.

Bibliographie complète à consulter sur le site :

www.michelefitoussi.com

REMERCIEMENTS

Merci tout d'abord à Shama Hiridjee qui m'a tout de suite fait confiance et soutenue dans mes recherches.

À Michaël Hiridjee et à Kevin Hiridjee, pour les mêmes raisons.

À Naeem Amarsy et à Ilana Amarsy dont le touchant témoignage m'a été précieux.

À Rayane Amarsy, mon champion de foot, à qui Shama, dans son cœur, dédie ce livre.

À Madagascar : merci à Nilam Hiridjee, pour son hospitalité, et sa gentillesse.

Merci à Amine Abidaly Karmaly Hiridjee, Saghir Amarsy, Zohra Amarsy, Asgar Barday, Parina Barday, Yasmini Barday, Housseinaly Hiridjee, Razali Hiridjee, Akbar Karmaly, Akim Karmaly, Nour Vally.

Et merci à Mamod Amarsy, Meroune et Tassadouk Fidaly, Ambrina Hiridjee, Firoz Hiridjee, Zubeida Hiridjee, Karim Vissandjee.

À Bombay : merci à Hélène Lecuyer, pour son implication, sa disponibilité, son optimisme.

Merci à Shoaib Ahmed, Nandini Sardesai, Shamma Fidaly, Sumanta Ganguly, Mila Kahlon, Priyanka Kakodkar, Radhika Khanna, Rachel Keren Mac Mull, Victor Mac Mull, Rakesh Maria, Sam Marshall, Krishna Mehta, Sevanti Paresh, Anu Rangachar, Suresh Rangachar, Prasad Rangnekar, Dipika Roy, Nandini Sardesai, Bharat Roy, Sumantra Sengupta.

À Paris : merci à toute l'équipe de Princesse tam.tam pour avoir revécu, pour moi, cette « aventure humaine ».

Marion Bablot, Valérie Buisson, Thierry Dadat, Maria Decaux, Jean-Marc Gaubert, Danielle Kopriwa, Marie-Paule Minchelli, Gaël Moreau, Isabelle Quedreux, Mina Ougazzaden.

Et merci à Sophie Suarez d'Aulan, Soizig Lecoq, Myriam Merah, Adeline Turbé-Mitard.

Merci aux amis de Loumia et Mourad, Morad Aït-Habbouche, Jacques Bungert, Ghislaine Cazalis, Rachida Dati, Elise Frantz, Hortense Germain, Ariane Heilbronn, Aliza Jabès, Valérie Lafarge-Sarkozy, Sylvaine Léveillez, Philippe Manière, Veronique Morali, Mayumi Poujolas, Camille Pouzol, Hervé Vermesch, Anne Vincent.

Et à Sachin Doon Boy.

Merci à Sophie Blanchy, Jacques Lachaier, Muriel Domenach, Christophe Jaffrelot, Véronique Roger-Lacan, Raoul Roy-Chaudury. Et à Catherine Ormen.

Merci à Brigitte Lévy Duveau, qui, dès Pondichéry, a suivi de près, et pour cause, le déroulement des événements.

Un très très grand merci à Susanna Lea pour, son écoute, son humour, son professionnalisme, son exigence, son amitié.

Merci à Emmanuelle Hardouin, pour ses relectures attentives et précises,

À Katrin Hodapp, Laura Mamelok, Julia Wagner, la dream team de New York

Et à toute l'équipe de SLA à Paris.

Merci à Sophie de Closets pour son accueil plus qu'enthousiaste.

Merci à Manuel Carcassonne dont les encouragements m'ont été précieux.

Merci à Silvia Feitel.

Merci à Léa Domenach pour sa lecture trés pertinente. Merci à Hugo Domenach pour son soutien.

Merci à Guy Princ, pour sa présence et pour sa patience.

Isabelle Seguin, mon amie très chère, ma première éditrice, s'est éteinte en mai 2012, lors de mon voyage à Madagascar. Il n'est pas un jour où je ne pense à elle.

[illegible]

[illegible]

[illegible]

[illegible]

[illegible]

[illegible]

[illegible]

[illegible]

[illegible]

DU MÊME AUTEUR :

Le Ras-le-bol des superwomen, Calmann-Lévy, 1987.

Lettre à mon fils... et à tous les petits garçons qui un jour deviendront des hommes, Calmann-Lévy, 1991.

Cinquante centimètres de tissu propre et sec, Grasset, 1993.

Un bonheur effroyable, Grasset, 1995.

Des gens qui s'aiment, Grasset, 1997.

La Prisonnière, avec Malika Oufkir, Grasset, 1999 ; Le Livre de Poche, 2000.

Le dernier qui part ferme la maison, Grasset, 2004.

ELLE 1945-2005 : une histoire des femmes, avec Marie-Françoise Colombani, Filipacchi, 2005.

Victor, Grasset, 2007.

Helena Rubinstein, la femme qui inventa la beauté, Grasset, 2010 ; Le Livre de Poche, 2012.

PAPIER À BASE DE
FIBRES CERTIFIÉES

Le Livre de Poche s'engage pour
l'environnement en réduisant
l'empreinte carbone de ses livres.
Celle de cet exemplaire est de :
300 g éq. CO_2
Rendez-vous sur
www.livredepoche-durable.fr

Composition réalisée par NORD COMPO

Achevé d'imprimer en juin 2016 en Allemagne par
GGP Media GmbH, Pößneck
Dépôt légal 1re publication : juin 2016
LIBRAIRIE GÉNÉRALE FRANÇAISE
31, rue de Fleurus – 75278 Paris Cedex 06

37/2500/6